Umweltbewusst Haushalten

Margrit Bühler

Umweltbewusst Haushalten

2. Auflage 1991
© 1990 MIDENA VERLAG, CH-5022 Rombach-Aarau
Gestaltung Umschlag: GW Grafik und Werbung, Olten
Gestaltung Inhalt: GW Grafik und Werbung, Olten
Illustrationen: GW Grafik und Werbung/Sibylle Hagmann
Fotolithos: Burki Reprotechnik AG, Oftringen
Satz: Kneuss Satz AG, Lenzburg
Herstellung: Druckerei Ernst Uhl, Radolfzell
Verantwortliche Verleger: Alfred und Léonie Haefeli

ISBN 3-310-00116-4

Inhalt

Durch bewusstes Einkaufen sparen wir Geld und schonen unsere Umwelt

Beim Einkaufen wirken eine Fülle von Werbeaussagen und Kaufanreizen auf uns ein. Kein Wunder, dass manchmal die Hand nach etwas greift, was eigentlich der Kopf nicht will: Sonderangebote und neue Produkte verleiten zu Spontankäufen. Daheim folgt dann das Kopfschütteln – zu spät.

Schreiben Sie auf, was Sie alles zum Leben brauchen. Kaufen Sie «unnötige» Nahrungsmittel und Gebrauchsgegenstände erst nach reiflicher Überlegung.

Der Kampf um Marktanteile ist überall augenfällig. Mit viel Ideenreichtum werden ohne Rücksicht auf die Umweltverträglichkeit neue Produkte und Geräte entwickelt. Kritik wird auf die Konsumenten abgeschoben: «Die wollen das so!». Ob wir das wirklich wollen, ist fraglich. Ein gewinnbringender Absatz ist jedoch da, denn sonst würden viele Produkte still und leise aus dem Sortiment verschwinden. Hier haben die Konsumenten mehr Verantwortung zu übernehmen.
Nach welchen Kriterien wollen wir eine «vernünftige» Auswahl treffen?
Steht nur das Ziel im Vordergrund, möglichst wenig chemische Substanzen und Rückstände von Spritzmitteln mitzuessen und um uns zu haben, ist die Qual der Wahl nicht gross: Lebensmittel aus garantiert biologischem Anbau, Kleider aus unbehandelten Natur-

fasern, Verzicht auf Wohngifte usw. garantieren ein einigermassen giftfreies Leben. Wenn es die äusseren Umstände nicht erlauben, so konsequent zu sein, wird es schwierig. Beginnen wir kritisch Packungstexte zu studieren, stellen wir bald fest, dass wir den grössten Teil gar nicht verstehen, geschweige denn beurteilen können. – Wer weiss schon auf Anhieb, was beispielsweise Diphenyl (E 230) bedeutet?

Was wir uns aber fragen dürfen und sollten: Sind die vielen Substanzen wirklich notwendig? Diese Frage drängt sich auch wegen der Tatsache auf, weil in den WHO-Richtlinien über Lebensmittelzusatzstoffe umfangreiche Tierversuche vorgeschrieben werden.

> Machen Sie sich zuhause in aller Ruhe einen Einkaufszettel, und überlegen Sie bei Dingen, die nicht aufgelistet sind zweimal, ob Sie diese wirklich kaufen wollen.

An die Umwelt denken

Ein weiteres Kriterium beim Kauf von Nahrungsmitteln und Gebrauchsgegenständen sollte heute die Ökobilanz sein: Bio-Erdbeeren, zu Weihnachten direkt eingeflogen aus Israel, sind ein Unsinn. Um dies zu erkennen, braucht es nur gesunden Menschenverstand und die Bereitschaft, auf absolut unnötigen Luxus zu verzichten. Der Energieaufwand steht bei den Beeren in einem krassen Missverhältnis zum Nutzen. Wenn diese nicht gekauft würden, käme es keinem Importeur in den

Sinn, diese einzufliegen. Lassen wir uns also weder von Modetrends, Werbeslogans noch von momentanen Gelüsten diktieren, was wir kaufen wollen. Dabei sparen wir nicht nur Energie und Rohstoffe, sondern auch Geld und geben unsere Wünsche in bezüglich Sortiment in einer unmissverständlichen Sprache weiter.

Tips von A–Z

• **Brot:** Erkundigen Sie sich in der Bäckerei, ob und welche Hilfsstoffe in den verwendeten Mehlmischungen sind. Lassen Sie sich nicht von Namen irreführen: Holzerbrot, Klosterbrot usw. können ebenso wie die herkömmlichen Sorten aus der Brotfabrik stammen. Kaufen Sie kein vorgeschnittenes Brot. Es enthält Konservierungsstoffe und ist erst noch aufwendig verpackt. Vollkornbrot enthält sämtliche Teile des vollen Korns. Es enthält mehr Vitamine, Mineral- und Ballaststoffe als andere Brotsorten.

• **Dörrobst:** Keine geschwefelten Trockenfrüchte kaufen. Wenn Sie doch einmal zugreifen, sind sie vor dem Verzehr heiss abzuwaschen. Schwefel kann Kopfschmerzen sowie Übelkeit auslösen und zerstört das Vitamin B1.

• **Dosen:** Nur wenn keine Frischware vorhanden ist, Dosen kaufen. Selber Einmachen ist besser.

• **Eier:** Nur Eier aus kontrollierter Freiland-Bodenhaltung kaufen. Käfighühner werden unter tierquälerischen Bedingungen gehalten, und der Medikamenteneinsatz ist gross. Lassen Sie sich nicht von grünbedruckten Packungen verwirren oder von Begriffen wie «Nestfrische Eier», «Frische Trinkeier» usw. Es gibt im Zweifelsfalle klare Deklarationsvorschriften. Die Umweltorganisationen fragen. Eier in Pappschachteln kaufen, keine Kunststoffverpackungen annehmen. Pappschachteln wieder in den Laden zurückbringen, damit sie weiterverwendet werden können.

• **Eiscrème:** Kaufen Sie Milchspeiseeis anstatt gefrorenes, gefärbtes und stark gesüsstes Wasser: Joghurtglace ist beispielsweise schnell zubereitet und nicht so süss (Nature-Joghurt mit Früchten und ganz wenig Zukker mischen, in Portionenbehältern einfrieren).

• **Fette:** Viel Fett führt zu Übergewicht. In vielen Fertignahrungsmitteln hat es «versteckte» Fette. Bratfette und Fritieröl riechen stark, wenn sie zu hoch erhitzt werden: Es können sich dabei schädliche Zersetzungsprodukte bilden. Darum: Butter und Maragrine nicht über 180°C erhitzen. Kokosfett eignet sich gut zum Braten. Verzichten Sie auf sogennante Halbfett- oder Minus-Produkte (kalorienarm). In aufwendigen Verfahren wird das Fett entzogen und mit Wasser ersetzt sowie unter Umständen mit chemischen Zusatzstoffen die Bindefähigkeit wieder hergestellt.

• **Fische** aus küstennahen Gewässern weniger verzehren als solche aus der Hochsee (beim Kauf nach der Herkunft fragen). Aus Flüssen und Seen mit viel Industrieansiedlung keine Fische essen.Dorsch (Kabeljau), Hering, Makrele, Seelachs, Rotbarsch u. a. sind relativ unbedenklich. Vorsicht ist geboten bei Hai (Schillerlokken), Blauleng und Flunder. In diesen Sorten wurden hohe Quecksilberbelastungen festgestellt. Tiere aus Zuchtbetrieben stammen aus Massentierhaltung, die nicht unterstützt werden sollte. Essen Sie wenig, dafür guten Fisch. Fischstäbchen und andere tiefgefrorene Fertigprodukte sind sehr energieaufwendig und bestehen bis zu 30% aus sogenannten Panaden (Füllstoffe). Sie enthalten ausserdem häufig viel Phosphat. Wichtig ist, dass wir durch unsere Lebensweise möglichst wenig zur Verschmutzung der Gewässer beitragen.

- **Fleisch:** Drosseln Sie den Fleischkonsum. Leisten Sie sich dafür Fleisch aus umweltgerechter Haltung. Ersetzen sie tierisches Eiweiss durch pflanzliche Nahrungsmittel: Sojabohnen, Hülsenfrüchte, Vollkornprodukte und Kartoffeln. Blasses, extrem mageres Fleisch stammt kaum von gesunden Tieren.
- **Fleischproduktion:** Der hohe Fleischverzehr in den reichen Ländern führt weltweit zu Monokulturen, zum wachsenden Einsatz von Schädlingsbekämpfungsmitteln (Futtermittelproduktion) und trägt zusätzlich zur Verarmung der sogenannten Dritten Welt bei (Waldrodungen, Monokulturen usw.). Ganz zu schweigen von den Millionen Tieren, die unter erbärmlichen Umständen in Fleischfabriken ihr Leben fristen müssen.
- **Früchte:** Verlangen Sie nicht makelloses Obst. Die Handelsklassen sagen nur etwas aus über die äussere

Schönheit und leider nichts über die innere Qualität. Grobe Faustregel: Für Superfrüchte und -gemüse braucht es mehr Chemie. Alle Früchte vor dem Verzehr waschen (die Luftverschmutzung macht auch vor Bio-Obst nicht halt). Faulstellen grosszügig ausschneiden: Schimmelpilze sind giftig. Kaufen Sie saisongerechte, inländische Ware.

• **Fruchtsäfte** sind häufig mit Zucker und anderen Zusatzstoffen angereichert. Etikette genau lesen.

• **Kerne von Früchten** nicht kauen: Sie enthalten je nach Art mehr oder weniger Blausäure. Bereits 5 bis 10 bittere Mandeln können bei Kindern zu Vergiftungen führen (Atemkrämpfe, Angstzustände, Schwindel und Erbrechen).

• **Geflügel:** Kaufen Sie Geflügel aus umweltgerechter Haltung, und ziehen Sie frische Ware tiefgekühlter vor. Kaufen Sie keine Tiere aus Batteriehaltung. Braten Sie Geflügel immer gut durch. Erst bei 80 °C werden die gefährlichen Salmonellen abgetötet.

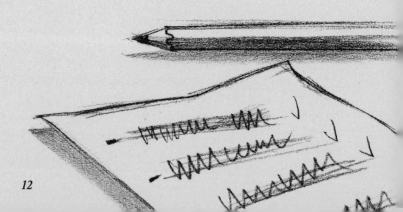

Einkaufen erfordert viel Wachsamkeit. Hier einige Grundregeln, wie Sie sich im riesigen Angebot zurecht finden:
– brauche ich das wirklich?
– ist das Produkt bei der Herstellung oder Beseitigung schädlich für Luft, Wasser und/oder Boden?
– ist es rohstoffsparend hergestellt?
– ist es langlebig, solide sowie reparatur- und wartungsfreundlich?
– braucht es wenig Energie (Strom, Wasser, andere Rohstoffe)?

Fragen Sie im Zweifelsfall nach der Herkunft, Verarbeitung und den verwendeten Rohstoffen im Laden, und geben sie sich nicht mit unklaren Antworten zufrieden. Die Deklarationspflicht sollte in den nächsten Jahren auf allen Gebieten selbstverständlich werden. Verlangen Sie in den Läden, in denen Sie regelmässig einkaufen, nach Waren aus umweltgrechter Produktion.

• **Gemüse:** Kohl und andere Gemüse ohne Schale immer gut waschen. Saisongerechtes Gemüse aus inländischem Anbau kaufen. Es ist dann am aromatischsten und preiswertesten. In der Erntezeit einmachen für den Winter. Den Inhalt von Sterilisiergläsern mit losen Deckeln oder bombierten Dosen nicht mehr verzehren (Qualität siehe unter Früchte).
• **Gepökelte Fleischwaren:** Nicht zu häufig essen und grillieren. Sie können im Körper Nitrosamine bilden (krebsauslösend).

- **Geschenke:** Schenken Sie keine Schokolade und andere ungesunde Genussmittel. Dörrobst, Eingemachtes oder Blumen aus dem eigenen Garten sind beliebte Mitbringsel.
- **Gurken** aus herkömmlichem Anbau immer schälen. Waschen alleine genügt nicht.
- **Leber** (Bleirückstände) und **Nieren** (Cadmiumgehalt i.R. hoch) nur selten essen. Auf Hasenleber und -nieren (quecksilberbelastet) ganz verzichten.
- **Krebse und Muscheln:** Miesmuscheln, Krebse und Tintenfische weisen hohe Cadmiumwerte auf. Nur selten und kleine Mengen davon essen.
- **Lebertran** besteht aus Dorschleber und enthält hohe Werte an chlorierten Kohlewasserstoffen.
- **Milch und Milchprodukte** sind eine gute Alternative zu Fleisch. Verlangen Sie in «ihrem» Laden Rohmilch. Pasteurisierte Vollmilch der ultrahocherhitzten (UHT) vorziehen. Teilentrahmte oder entfettete Milchprodukte nur bei ärztlich verordneten Kuren essen. Im Normalfall kleinere Mengen verzehren oder beispielsweise Joghurt mit frischen Früchten ohne Zuckerzugabe essen.
- **Orangen und Zitronen** aus herkömmlichem Anbau sind oberflächenbehandelt. Nur Schale von biologisch gezogenen Früchten für Backwaren oder Getränke verwenden.
- **Rhabarberblätter** enthalten viel Oxalsäure und sollten deswegen nicht gegessen werden (Gefahr von Nierenschäden). Auf die Stengel ist aus dem gleichen Grund ab Mitte Juli zu verzichten.
- **Softeis** ist ein idealer Nährboden für Salmonellen.
- **Spinat** nicht aufwärmen oder lange warm halten, weil sich das gefährliche Zellgift Nitrit bildet.
- **Würste:** Beachten Sie den Fettgehalt und die vielen verschiedenen Zusatzstoffe in Würsten.
- **Verpackungen:** siehe Seiten 69, 73, 74, 78.

• **Vollkornbrot:** siehe Brot

• **Zucker:** Senken Sie Ihren Zuckerkonsum. Er verursacht Zahnkaries, Übergewicht und eine vorübergehende Erhöhung des Blutzuckerspiegels. Er sinkt kurz danach wieder ab (erneut Hungergefühl nach Süssem oder Salzigem). Ein hoher Zuckerkonsum kann zu Vitamin B1-Mangel führen. Wer an Süssigkeiten gewöhnt ist, sollte sich langsam an eine gesündere Lebensweise gewöhnen. Halten Sie Kindern keine Vorträge über die Schädlichkeit von Zucker, sondern stellen Sie einfach ganz langsam die Gewohnheiten um: Anstatt Bonbons Dörrobst oder Süssholz (Drogerie), anstatt stark ge-süsster Desserts einmal eine Quarkcrème mit frischen Früchten und wenig Zucker zubereiten usw.

Auch sanfte Putzmittel, sparsam eingesetzt, sorgen für Sauberkeit

Die Zeiten, als wir mit riesigen Schaumbergen in Flüssen und Seen optisch mit den Folgen unserer Putzwut konfrontiert wurden, sind vorbei. Die modernen Reinigungsmittel enthalten nicht mehr die gleichen Inhaltsstoffe wie vor 40 Jahren. Zudem sorgen unzählige Kläranlagen für sauberes Abwasser. – Der Schein trügt, denn ein grosser Teil der Probleme wurde einfach verlagert. Die Bezeichnung «biologisch abbaubar» sagt überhaupt nichts aus darüber, wie lange beispielsweise der Prozess dauert, bis sich die verschiedenen Stoffe zu Kohlendioxid, zu verschiedenen Salzen und

Biomasse zersetzt haben. Nach den Kriterien der OECD gelten Stoffe als biologisch leicht und vollständig abbaubar, wenn sie in bestimmten Testreihen zu mehr als 70 Prozent vollständig abgebaut werden.

Wasser, ein Handgeschirrspülmittel auf

Seifenbasis, Scheuerpulver, Putzessig und

Brennsprit reichen aus.

Abwasserreinigungsanlagen sind keine Zauberküchen, die unerwünschte Substanzen einfach zum Verschwinden bringen. Hunderttausende von Tonnen Klärschlamm, die es zu entsorgen gilt, fallen allein in der Schweiz jährlich an. Auf die Euphorie der ersten Stunden, als dieses Abfallprodukt als wertvoller Dünger für die Landwirtschaft bezeichnet wurde, ist die Ernüchterung gefolgt, da der Schlamm zuviele giftige Rückstände enthält. Viele Bauern wollen das Zeug nicht mehr auf den Feldern haben.
Mit den vielen Spezialputzmitteln gelangen unzählige verschiedene chemische Stoffe, die noch weitgehend

unerforscht sind, in unsere Abwässer. Zudem ist die ökologische Bewertung von Reinigungsmitteln, die Bewertung von Umweltgiften überhaupt, sehr umstritten. Viele Herstellerfirmen unterschreiten freiwillig die Höchstwerte bei problematischen Stoffen in ihren Produkten, seit sie von einer kritischeren Konsumentenschaft scharf beobachtet werden. Stoffe, die gefährlich sind für die Umwelt und die Menschen, gehören nicht in Putzmittel.

Sauberkeit verschmutzt die Umwelt

Mit Sauberkeit hat das Bedürfnis nach Glanz und Parfümgeruch, das zu einem enormen Anstieg der Spezialputzmittelproduktion führte, kaum mehr etwas zu tun. Die unglaublich vielseitige Produkte-Palette reicht nicht ohne Grund vom Fensterrahmenmittel über die unterschiedlichsten Fussbodenreiniger bis hin zu den desinfizierenden und desodorierenden WC-Reinigern: In Deutschland werden Jahr für Jahr für zirka 800 Millionen Mark Putz- und Reinigungsmittel produziert, die auf chemischem Weg dasselbe erledigen, das wir mit einfachen Mitteln und etwas Muskelkraft auch tun könnten. Sie reichen selbstverständlich nicht aus, wenn die Angst vor Viren und Bakterien zu gross ist. Nicht ohne Grund finden wir in vielen Spezialreinigern noch sogenannte Desinfektionsmittel, die allen bedrohlichen Organismen den Garaus machen. Weshalb müsste sonst ein Fenstergriff desinfiziert werden? Gleichzeitig nehmen viele in Kauf, dass gerade wegen der übertriebenen Putzerei Hautallergien auftreten, die eigene Bakterienflora gestört und damit die Abwehrkräfte geschwächt werden. Desinfektionsmittel zerstören sowohl «feindliche» als auch «notwendige» Bakterien.

In einer weitgehend keimfreien Umwelt wird das menschliche Immunsystem aus dem Gleichgewicht gebracht, ganz zu schweigen von der unnötigen Umweltverschmutzung.

Eine blitzblanke Wohnung ist zu einem wichtigen Statussymbol geworden, das seine Opfer fordert. Ungeachtet dessen, wieviel Gift wir in die Umwelt fliessen lassen, scheint dieser Trend nicht abzuflachen. Die Werbung trägt das ihre dazu bei und suggeriert, dass nur genau das bestimmte Mittel so gut und gründlich putzt. Viele Hausfrauen und -männer bemühen sich um umweltfreundlichere Produkte, aber auch mit Unmengen von Essig im Abwasser machen wir die Fische sauer! Wie auf allen Gebieten des Umweltschutzes gilt es auch beim Putzen, die Frage nach der Notwendigkeit zu stellen. Der Psychoanalytiker Hans-Ulrich Wintsch gab an einer Fachtagung zum Thema Sauberkeit aus seiner beruflichen Praxis u. a. folgendes zu bedenken: «Je strenger jemand zur Sauberkeit und Selbstbeherrschung erzogen wird, desto grösser ist seine seelische Wut.» Damit erklärte er auch den hartnäckigen Widerstand vieler Jugendlicher und Erwachsener gegen jede ökologische Aufklärung und die grassierende Gleichgültigkeit gegenüber der Zerstörung des Lebensraums.

Egal, aus was für Gründen Sie auch immer putzen: Es lohnt sich bestimmt, die eigenen Gewohnheiten einmal kritisch zu prüfen und vorerst für eine befristete Zeit etwas Neues auszuprobieren.

Tips von A–Z

• **Abflussreiniger** sind überflüssig und belasten durch ihren hohen Alkaligehalt die Umwelt. Wesentlich wirksamer als die vielgepriesenen chemischen Mittel sind bei verstopften Abläufen Saugglocken oder Rohrspiralen. Watte, Haare, Wattestäbchen und andere feste Materialien gehören ohnehin nicht in die Abflussrohre.

• **Abwaschmaschine:** Der Wasser- und Energieverbrauch ist verglichen mit dem Handabwasch eindeutig höher. Bedenkt man den Energieaufwand für die Herstellung einer Abwaschmaschine, ist klar, dass darauf verzichtet werden sollte. Wenn Sie bereits eine Maschine besitzen, denken Sie daran: Gründliches Vorspülen mit kaltem Wasser hilft Energie sparen, weil dann meistens das Sparprogramm genügt. Maschine wirtschaftlich füllen, keine grossen, sperrigen Schüsseln und Töpfe. Ökologisch vertretbare Spülmittel erzielen nicht dasselbe Waschresultat wie Mittel mit stärkeren Inhaltsstoffen. Diese tragen jedoch wieder wesentlich zur Umweltbelastung bei. Klarspüler durch zwei Esslöffel Essig, einer Mischung aus einem Teil Putzessig und zwei Teilen Wasser ersetzen oder ganz darauf verzichten.

• **Allzweckreiniger:** Neutrale Produkte kaufen, die in Nachfüllflaschen erhältlich sind (Drogerie, Bio-Läden) und keine linearen Alkylsulfonate (LAS), Alkylphenolethoxylate (APEO), also mittelschwere Tenside oder Enthärter (NTA) enthalten.

• **Armaturen** mit Allzweckreiniger putzen und trockenreiben, um Flecken zu vermeiden. Kalkablagerungen mit Zitronensaft oder Putzessig (mit getränktem Lappen verkalkte Stellen umwickeln) behandeln, nachspülen und trockenreiben.

• **Backofen** mit Allzweckreiniger auswaschen. Verkrustete Stellen mit Schmierseife einreiben und zirka 10 Stunden einwirken lassen. Vorbeugen durch Verwendung des Römertopfs (Braten, Poulet usw.) oder altes Blech, das unten eingeschoben werden kann.

- **Badewanne** mit Allzweckreiniger putzen, Kalkrückstände mit Zitronensaft oder Putzessig entfernen, nachspülen und trockenreiben.
- **Beckensteine** sind überflüssig. Ihre bakterienhemmende Wirkung steht nur auf dem Papier. Abgesehen davon gehört die natürliche Bakterienflora zu unserem Dasein und sollte möglichst ungestört bleiben.
- **Böden aus Stein oder Kunststoff** mit Allzweckreiniger oder Schmierseife nass aufwischen. Viele Fussbodenpflegemittel sind ökologisch sehr bedenklich. Sie enthalten chlorierte Kohlenwasserstoffe sowie Toluol, Xylol und Öldestillate (Testbenzine).
- **Brennsprit** eignet sich in einer Verdünnung mit Wasser von 1:4 sehr gut zum Fensterputzen und zum Aufweichen von Fettschichten auf Abzughauben, Herdgittern usw.
- **Chromstahlflächen:** Siehe Armaturen.
- **Dampfabzug** mit konzentrierter Schmierseife entfetten. Hartnäckige Fettschichten mit Brennsprit vorbehandeln.
- **Duschkopf** einige Stunden in eine Wasser-Putzessig-Lösung (3:1) einlegen. Sie kann mehrere Male verwendet werden. Flasche gut sichtbar beschriften.
- **Fenster** bei normaler Verschmutzung mit Brennsprit (siehe unter Brennsprit) und Zeitungspapier putzen. Stark verschmutzte Scheiben mit warmem Wasser und Allzweckreiniger vorbehandeln.
- **Fensterrahmen** mit Kernseifenwasser (pflegt gleichzeitig) putzen.
- **Geschirr** mit Spülmittel oder neutralem Allzweckreiniger von Hand abwaschen. Mit Gummischaber Ess- und Fettresten abstreifen. Das hilft Wasser und Waschmittel sparen.
- **Heizkörper** mit warmem Wasser und einem Schuss Geschirrspülmittel abwaschen und trocknen.

2

• **Holzböden** mit Schmierseifenwasser oder einem einfachen Allzweckreiniger feucht aufwischen.

• **Kaffeemaschine** mit Geschirrspülmittel abwaschen und mit Essiglösung (1–2 Std. einwirken lassen) entkalken. Bedienungsanleitung lesen.

• **Kochherd** mit Allzweckreiniger oder bei hartnäckiger Verkrustung mit unverdünnter Schmierseife putzen. Fettbelag mit Brennsprit (auf Lappen) aufweichen.

• **Lampenschirme** brauchen keine Kunststoffspezialreiniger. Sie werden mit Wasser und wenig Geschirrspülmittel wieder glänzend sauber.

• **Lavabo:** Siehe Badewanne.

• **Linoleumböden** mit Allzweckreiniger oder Schmierseife nass aufwischen.

• **Möbel** mit leicht feuchtem Lappen abwischen. (Flecken siehe Seite 63.)

• **Pfannen** mit gewöhnlichem Abwaschmittel oder je nach Verschmutzungsgrad mit konzentrierter Schmierseife (einweichen) reinigen.

• **Salz** als Regenerierungsmittel für Abwaschmaschinen gibt bei hartem Wasser ein besseres Waschresultat und belastet die Umwelt weniger als die chemischen Klarspüler.

• **Scheuerpulver** nicht für Chromstahl, Email, Lavabos, Badewannen und Keramikflächen brauchen. In den feinen Kratzspuren lagert sich rasch wieder Schmutz ab.

• **Schuhe** mit Bienenwachs-Schuhcrème (wirkt auch wasserabstossend) einreiben, trocknen lassen und gut nachpolieren.

• **Teppichböden** nach Bedarf staubsaugen und möglichst selten nass behandeln. Ist eine Shampoo-Behandlung nötig, besorgen wir in der Drogerie Gallseife und ein Vakuum- oder Shamponiergerät. In einem Becken wird mit einem harten Schwamm, wenig handwarmem Wasser und Gallseife Schaum gebildet (Schwamm kräftig zusammendrücken und loslassen). Mit dem Schwamm den Schaum auf den gut vorgereinigten (Staubsauger) Teppich verteilen. In das Vakuumgerät Wasser sowie 1 dl Essig füllen und nachspülen. Wollteppiche nur wenn unbedingt nötig shamponieren. Viele Flecken verschwinden mit der Zeit von selbst.

• **Wandkacheln** mit Schalen von ausgepressten Zitronen abreiben oder mit einem in Putzessig getränkten Lappen abwischen. Trockenreiben nach starker Dampfentwicklung (Dusche, Bad) beugt Kalkablagerungen vor.

• **WC-Schüssel** häufig mit der Bürste schrubben. Bei Verkalkung mit Putzessig (über Nacht einwirken lassen) reinigen.

3

Im Haushalt kann eine ganze Menge Strom eingespart werden. Ein Kühlschrank braucht im Jahr zwischen 400 bis 500 Kilowattstunden (kWh). Je nachdem, wieviel Sie backen, braucht Ihr Kochherd jährlich bis zu 1300 kWh. Die Waschmaschine schlägt in einem vierköpfigen Haushalt bei sparsamem Gebrauch mit 400 kWh zu Buche.

Weniger Strom verbrauchen ist leicht

und bedeutet keinenfalls weniger

Lebensqualität.

Eine Reduktion des Stromverbrauchs ist dringend notwendig. Bei ständig steigendem Bedarf ist ein Ausstieg aus der Kernenergie oder Verzicht auf überdimensionierte Staubecken kaum möglich. Lassen Sie sich nicht verunsichern von Werbesprüchen, die weismachen wollen, dass mit weniger Strom das Leben nicht mehr so schön ist. Was entschieden erfreulicher, beziehungsweise niedriger ausfallen wird, ist die Stromrechnung! Für fast jede Arbeit im Haushalt ist ein entsprechendes elektrisches Gerät auf dem Markt erhältlich, das uns körperliche Arbeit abnimmt oder sie erleichtert. Wozu braucht ein gesunder Mensch beispielsweise ein elektrisches Brotmesser oder eine mit Strom betriebene Käseraffel? Der Durchschnittsverbrauch für Kleingeräte dieser Art beläuft sich pro Haushalt und Jahr auf zirka 850 kWh. Lassen Sie sich von den nachfolgenden Tips

zum Stromsparen anregen, und vergessen Sie nicht,
alsdann die neue Stromrechnung mit der alten zu vergleichen.

In der Stromrechnung wird der Verbrauch mit Kilowattstunden (kWh) angegeben. Mit dieser physi-
kalischen Masseinheit kann der Energiewert von
Sachen oder von Arbeitsleistungen ausgedrückt
werden. In einem Deziliter Benzin ist 1 kWh enthalten. Für eine Velofahrt von 60 km verbraucht unser
Körper 1 kWh.

Tips von A–Z

• **Ankochen:** Körnerspeisen und Reis brauchen meistens nur kurz oder bis zu zehn Minuten angekocht zu
werden. Zum Ausquellen genügt die kleinstmögliche
Wärmestufe und ein gut sitzender Deckel.

• **Backofen:** Beim Backen nur kurz (3–4 Min.) vorheizen
oder überhaupt darauf verzichten. Dasselbe Gericht
im Kochtopf zubereitet, braucht wesentlich weniger
Energie, als wenn man es im Ofen gart!

• **Beleuchtung:** Licht nur anzünden, wenn es
gebraucht wird. Beim Verlassen von Räumen Lampen
nicht einfach brennen lassen. Halogenlampen sind
keine Sparlampen. Sie sind nur für direkte Beleuchtung
geeignet. Energiesparlampen leben länger (je nach
Einschalthäufigkeit 2- bis 14mal) und brauchen bei gleicher Leistung bis 5mal weniger Strom als herkömmliche
Glühbirnen.

• **Boiler:** Die Temperatur im Boiler auf maximal 60 °C
einstellen. Geräte regelmässig entkalken lassen.

• **Bügeln** ist bei den meisten Stoffen überflüssig. Bettwäsche oder Frottee-Tücher, Unterwäsche usw. fühlen sich viel weicher an, wenn sie nur glattgestrichen werden. Textilien nehmen zudem – und dies ist ein Nachteil – nach dem Bügeln weniger Feuchtigkeit auf. Bügeleisen nicht unnötig eingeschaltet lassen. Beim Kauf auf energiesparende Modelle achten.

• **Computer:** Das Abschalten der gesamten Anlage lohnt sich auch während kurzen Pausen. Die Behauptung, dass häufiges Abschalten die Halbleiter schädige, ist nicht erwiesen und dürfte mehr zu den «Geheimtips» gehören.

• **Dampfkochtopf:** Mit dem Dampfkochtopf sparen wir Strom, haben eine kürzere Kochzeit und schonen das Kochgut (Vitamine). Es gibt auch spezielle Dampfbratpfannen für die Fleischzubereitung.

• **Deckel:** Beim Kochen immer gut schliessende Deckel aufsetzen: Einsparung 75%!

• **Dörren:** Das Dörren im Backofen ist sehr energieaufwendig. Spezielle Geräte oder Grossanlagen (Gemeinde anfragen) vorziehen.

• **Fernseher:** Bei Nichtgebrauch ganz abstellen.

• **Heizen:** Ziehen Sie im Winter warme Kleider und Hausschuhe an, dann reichen Zimmertemperaturen von 18 °C aus. Überheizen Sie ihre Wohnung nicht. Lüften Sie zwei Mal pro Tag kräftig durch, und lassen Sie nachher die Fenster geschlossen. In der Nacht Fensterläden schliessen oder dicke isolierende Vorhänge ziehen. Während den Ferien die Heizung ausschalten und Nachbarn bitten, bei tiefen Temperaturen auf die niedrigste Zimmertemperatur einzuschalten. Rohrleitungen isolieren und Reflektierwände hinter Radiatoren anbringen. Nicht gut schliessende Fenster und Türen abdichten.

• **Kaffemaschine:** Nach Gebrauch immer abschalten. Die sogenannte «Stand-by»-Einschaltung ist überflüssig. Die wenigen Sekunden Wartezeit wiegen den schleichenden Stromverbrauch auf. Eine Kaffeemaschine ist sparsamer im Verbrauch, als Wasser auf dem Herd zu sieden.

• **Geschirrspüler:** Das Sparprogramm reduziert den Stromverbrauch um 20%, vorausgesetzt, Sie waschen **nur** mit kaltem Wasser vor. Vor dem Kauf Leistungsvergleich anstellen und nochmals überlegen, ob nicht alle Familienmitglieder zusammen weiterhin den Handabwasch besorgen können. Sind wenig Leute im Haushalt, gibt es ja nicht viel Geschirr. In der Grossfamilie finden sich bestimmt motivierbare Umweltfreundinnen!

• **Kleingeräte:** Vor dem Kauf an die sogenante «graue» Energie denken: Wie gross ist der Produktionsaufwand (Rohstoffverbrauch, Strom, Transportwege usw.).

• **Kochtöpfe:** Der Energiebedarf für einen Kochvorgang erhöht sich bei unebenen oder stark verschmutzten Böden um bis zu 50%. Die Herdplatten von Elektroherden müssen durch die Pfannen gedeckt sein, weil sonst die Küche unnötig mitgeheizt wird. Beim Kauf von neuen Töpfen Energieverbauch verschiedener Produkte vergleichen. Isolierpfannen brauchen 30% weniger Energie, und die Gerichte bleiben während des Essens lange warm.

• **Kühlschrank:** Warme Speisen nicht im Kühlschrank auskühlen lassen. Kühlschränke nicht neben Kochherd, Abwaschmaschine oder Heizung stellen. Geräte ohne Abtau-Automatik regelmässig enteisen. Das Eis auf den Kühlrippen wirkt isolierend und zwingt den Kompressor zu Mehrleistung. Bei Ferienabwesenheit Gerät ausschalten oder Temperatur aufs Minimum zurückstellen. Normale Kühlschranktemperatur: 5–7 °C. Lüftungsgitter müssen frei sein, damit die warme Abluft austreten kann.

• **Lampen:** Energiesparlampen sind grundsätzlich für alle Wohnbereiche geeignet. In Räume, wo das Licht nach dem Einschalten jeweils lange brennt, gehören unbedingt Energiesparlampen (75–80% weniger Stromverbrauch) mit Langzeitadapter. Auszuwechseln ist jeweils nur die Leuchtstoffröhre.

Kostenvergleich	Lebens- dauer Std.	Gesamt- kosten pro 1000 Std.
Glühlampe (75 W)	1 000	Fr. 16.–
E-Sparlampe (15 W) – bei häufigem Ein- und Ausschalten	2 000	Fr. 25.–/30.–
– bei 1 Std. Brenndauer	4 500	Fr. 12.–/16.–
– bei 10 Std. Brenndauer	14 000	Fr. 5.– bis 7.–

(Aus WWF-Infoblatt Nr. 10)

• **Luftbefeuchter** brauchen viel Strom und sollten nicht ohne Überwachung der Luftfeuchtigkeit eingeschaltet werden.

• **Mikrowellen:** Auf den ersten Blick helfen Mikrowellenöfen Strom sparen. Die Herstellung ist jedoch so ernergieaufwendig, dass sich ein Gerät erst nach 20 Jahren amortisiert. Dann lebt es jedoch voraussichtlich schon nicht mehr. In Betracht zu ziehen ist auch: Mehr Tiefkühlprodukte werden verwendet, dadurch braucht es wieder mehr Strom, fällt mehr Verpackungsmaterial an usw. Verzichten Sie auf ein Mikrowellengerät, es ist immer noch nicht klar, ob es auch gesundheitsschädigend ist.

• **Spielsachen:** Keine stromabhängigen Spielsachen kaufen. Mechanisch betriebene Alternativen suchen.

• **Stereoanlage:** Bei Nichtgebrauch immer ausschalten.

• **Tiefkühler:** Die regelmässige Temperatur soll minus 18 °C betragen. Geräte an kalten Orten aufstellen und darauf achten, dass die Türen immer gut schliessen. Beträgt die Eisschicht 5 mm, ist das Gerät abzutauen. Truhen sind energiesparender als Schränke (weniger Verlust beim Öffnen). Bei Neuanschaffung Energiespargeräte kaufen. Halbleere Geräte brauchen unnötig Strom (raschere Abkühlung). Einmachen und Dörren sind umweltgerechtere Konservierungsmethoden.

• **Tumbler:** Diese Strom-Grossverbraucher nur dort einsetzen, wo überhaupt keine andere Möglichkeit zum Wäschetrocknen besteht. Ihr Jahresverbauch liegt bei zirka 550 kWh!

• **Warmwasser:** Fünf Minuten duschen, anstatt ein Vollbad einlaufen zu lassen, braucht 60% weniger Energie. Warmwasser nur dann verwenden, wenn kaltes nicht den gleichen Zweck erfüllt. Tropfende Hahnen rasch flicken lassen. Warmwasserleitungen isolieren.

• **Waschmaschinen:** Leistungsdaten vor dem Kauf miteinander vergleichen. Geräte mit Spartaste und niedrigem Energiebedarf von einheimischen Herstellern (kurze Transportwege) wählen. Weitere Hinweise zum Sparen beim Waschen auf Seite 54.

• **Wassermenge:** Beim Garen von Lebensmitteln oder beim Kaffeekochen usw. nur soviel Wasser aufsetzen wie nötig ist.

Mit dem Kauf der richtigen Batterie tun wir etwas für die Umwelt

4

Die kleinen Energiepakete sind in jedem Haushalt zu finden. In Küchenuhren, Taschenrechnern, Fotoapparaten, Transistorradios, Spielwaren, im unentbehrlichen Walkman und noch an vielen anderen Orten leisten sie ihre Dienste. Die Batterieindustrie ist zufrieden: Steigende Umsätze sind ihr sicher. Vor allem die neuen, quecksilberarmen Energiespenderinnen liegen genau im Trend. Sie entlasten unser strapaziertes Umwelt-Gewissen. Trotzdem dürfen wir uns nicht über die

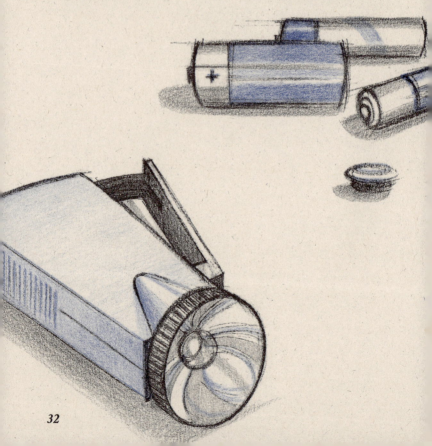

Tatsache hinwegtäuschen lassen, dass Batterien Sonderabfall sind. Interessant ist auch zu wissen, dass die Herstellung einer Batterie 50 Mal mehr Strom verschlingt, als diese nachher abzugeben vermag.

Die Alternative heisst Verzicht. Kaufen Sie Geräte, die mit Sonnenenergie oder Netzanschluss betrieben werden.

Obwohl viele verbrauchte Batterien in die Läden zurückgebracht werden, landet der grösste Teil gleichwohl dort, wo er nicht hingehört: im Kehrichtsack. Die Kehrichtverbrennungsanlagen sorgen dafür, dass die hochgiftigen Schwermetalle in der Luft, im Boden und im Wasser wieder auftauchen. Zu ergänzen ist, dass

Altbatterien, die in Giftsammelstellen unsachgemäss gelagert vor sich hinrotten, im schlimmsten Fall auslaufen können und den Boden direkt vergiften.

Trotz allem sind die kleinen Kraftpakete nicht aus unserem Alltag wegzudenken. In vielen Fällen könnte jedoch bestimmt darauf verzichtet werden. Dort, wo wir aus welchen Gründen auch immer dies nicht tun können, sind die neuen Alkali-Mangan-Batterien mit reduziertem Quecksilbergehalt (0,025% und weniger) zu kaufen. Die bisherige Empfehlung für Kleinverbraucher (Radio, Uhr), die günstigeren, weniger leistungsfähigen, dafür mit relativ wenig Schadstoffen belasteten Kohle/Zink-Batterien zu wählen, ist neuerdings überholt.

Aufladen ist nicht mehr sinnvoll

Bis vor kurzem war es ökologisch und finanziell sinnvoll, ein Ladegerät und die dazu passenden Nickel-Cadmium-Akkus anzuschaffen. Die neuen AM-Batterien sind jedoch eindeutig am umweltfreundlichsten. Dazu kommt noch, dass die meisten Verbraucher die Aufladekapazität der Akkus (500–1000 Mal) überhaupt nicht ausschöpfen. Die mit Cadmium schwer belasteten Akkus landen gemäss neuen Untersuchungen häufig nach 10 bis 20 Aufladungen im Sammelbehälter, oder, was noch schlimmer ist, im Kehrichtsack.

In der Schweiz gibt es noch keine Anlage, in der Cadmium rezykliert wird. Diese Situation kann sich allerdings in nächster Zeit ändern. Wenn Anlagen, die verschiedene Batterien im gleichen Arbeitsgang in die Metall-Bestandteile zerlegen können, zufriedenstellend arbeiten, wäre ein wesentliches Problem gelöst. Damit der Notwendigkeit nach einem angepassten

Recycling Nachdruck verliehen werden kann, ist es wichtig, dass möglichst viele Batterien zu den Sammelstellen gebracht werden.

Wenn Sie bereits ein Aufladegerät besitzen, warten Sie mit wegwerfen. Eine japanische Firma will auf Ende 1991 einen wiederaufladbaren Akku ohne Cadmium auf den Markt bringen. Dann wird aufladen wieder sinnvoll!

Tips von A–Z

• **Akku** ist die Abkürzung für Akkumulator. In diesen Geräten wird elektrische Energie in Form von chemischer Energie gespeichert.

• **Alkali-Mangan-Batterien (LR)** haben eine lange Lebensdauer (hohe Energiedichte). Sie weisen neuerdings einen sehr niedrigen Quecksilbergehalt auf und können demnach für alle Geräte empfohlen werden. Sie gehören unbedingt in die Batteriesammelstelle.

• **Aufladen** dürfen Sie nur Nickel-Cadmium-Akkus. Wegwerfbatterien explodieren im Ladegerät.

• **CZ:** Siehe unter Kohle-Zink.

• **Deponien** sind kein geeigneter Lagerungsort für Altbatterien. Häufig rosten sie in den Giftsammelstellen vor sich hin und laufen nach kurzer Zeit aus.

• **Green-Power-Batterien** sind nicht so harmlos, wie der geschickt gewählte Name suggeriert. Sie enthalten relativ wenig Quecksilber, sind aber sowohl in der Leistung als auch in bezug auf den Schwermetallgehalt den Kohle-Zink-Batterien gleichzusetzen und gehören ebenfalls in den Sondermüll. Die «grünen» Kraftpakete sind neu auf dem Markt und funktionieren auf der Basis organischer Fluorverbindungen.

• **Kauf:** Bei der Anschaffung von batteriebetriebenen Geräten ist gründlich zu überprüfen, ob nicht mechanische oder mit Sonnenenergie betriebene Geräte die gleiche Aufgabe erfüllen könnten.

• **Kohle-Zink-Batterien (R oder CZ)** sind als sogenannte Rundzellen in allen Grössen erhältlich. Ihre Lebensdauer ist zirka 30% kürzer als die von AM-Batterien.

• **Ladegeräte:** Gemäss neuesten Meldungen ist es im jetzigen Zeitpunkt nicht sinnvoll, ein Ladegerät anzuschaffen (siehe Text vorne). Sollten die angekündigten cadmiumfreien Akkus auf den Markt kommen, ist Aufladen wieder sinnvoll. Im Handel sind Universal-Ladegeräte für die gängigsten Akku-Grössen erhältlich. Ein Unterschied besteht zwischen Profi- und Standard-Geräten. Die Erstgenannten sind in der Regel mit einem Timer ausgestattet, der eine optimale Kontrolle der Ladedauer ermöglicht und daher zu empfehlen ist. Lesen Sie vor dem Kauf eines Ladegerätes die Gebrauchsanleitung. Viele Geräte sind schwierig zu bedienen.

• **Ladezeit:** Je nach Grösse und Nennkapazität gilt eine bestimmte optimale Ladezeit. Sie ist unbedingt einzuhalten, damit die Lebenszeit der Akkus nicht unnötig verkürzt wird. Nicht ganz aufgeladene Akkus verlieren an Kapazität.

• **Musik-Telegramme** sind überflüssige Akustik-Gags. Die Freude, die sie allenfalls auslösen, steht bestimmt in keinem Verhältnis zu ihrer Umweltbelastung.

• **Nickel-Cadmium-Batterien (Ni-Cd)** weisen nur eine günstige Ökobilanz auf, weil sie bis zu 700 Mal wieder aufladbar sind. Sehr negativ schlägt der hohe

Cadmium-Gehalt zu Buche. Dieses Schwermetall ist hochgiftig und schadet Mensch und Tier (Bakterien-Enzyme werden geschädigt). Darum gehören Ni-Cd-Batterien unbedingt in den Sondermüll. Kaufen Sie keine neuen Ni-Cd-Batterien mehr.

• **Profi-Akkus** dürfen nicht in Standard-Geräten aufgeladen werden. Sie weisen zu niedere Nennkapazitäten auf.

• **Prüfgerät:** Ein grosser Teil (ca. 30%) der weggeworfenen Batterien ist nur teilweise bis gar nicht entladen. Mängel an Geräten werden häufig zu schnell scheinbar abgelaufenen Batterien zugeschrieben, und man kauft neue. Ein Prüfgerät zeigt an, ob die Batterien wirklich keine Ernergie mehr abgeben. Mit einem Prüfgerät sparen wir Geld und schonen die Umwelt. Akkus, die man lange nicht gebraucht hat, sind übrigens oft neu zu laden vor dem Gebrauch. Auch da leistet das Prüfgerät gute Dienste.

• **Quecksilber** ist ein hochgiftiges Schwermetall, das schon in kleinen Dosen Schäden bei Menschen und Tieren verursacht.

• **Rücknahmepflicht:** Auf ein Batteriepfand wurde bisher – leider – verzichtet. Hersteller und Händler sind jedoch verpflichtet, gebrauchte, schadstoffreiche Batterien zurückzunehmen. Als Konsumenten sind wir in Anbetracht der Giftigkeit dieser Energiepakete moralisch verpflichtet, sie in die Spezialsammelstellen zu bringen.

• **Spielsachen:** Auf batteriebetriebene Spielsachen ist zu verzichten.

5

*Insekten und
andere lästige Mitbewohner*

Fliegen, Mücken, Motten, Silberfischchen und anderes Getier sind zwar unerwünschte und dennoch treue Begleiter des Menschen. Ohne Rücksicht auf die Abscheu, mit der wir ihnen begegnen, tauchen die unverfrorenen Biester immer wieder auf. Die vielen im Handel erhältlichen Schädlingsbekämpfungsmittel bekräftigen uns in der Absicht, den unerwünschten Besuchern den Garaus zu machen. Obwohl Chemieunfälle Entrüstung und Entsetzen auslösen, stehen Gift

sprays, Pulverzerstäuber und Insektenfrei-Elektrogeräte in über 50 Prozent aller Haushaltungen im Einsatz: Die Gifte gelangen direkt in die Luft, die wir nachher einatmen.

Schädlingsbekämpfung ist auch mit

ungiftigen Mitteln möglich. Im Notfall

Fachleute beiziehen.

Bei der Herstellung von Schädlingsbekämpfungsmitteln beginnt die Umweltbelastung und die Gefahr von Chemieunfällen bereits. Verschiedene Nebenprodukte

38

können heute nicht befriedigend beseitigt oder verwertet werden. Wenn auf den Packungen auch versprochen wird, dass die Mittel für die Menschen ungiftig sind, würde es keinem Erwachsenen einfallen, davon zu trinken. Kinder tun das ab und zu, weil sich die Gebinde oft spielend leicht öffnen lassen. Die Kleinen haben als Folge zum Teil schwere gesundheitliche Schäden zu tragen (Nieren- und Leberstörungen usw.). Ganz abgesehen davon erdreisten wir uns zu bestimmen, welche Tiere nicht leben dürfen, und dies nur, weil sie uns auf irgend eine Art stören oder ekeln. Bei gewissen Insekten ist eine massive Bekämpfung (siehe Tips) notwendig. Stechmücken mit Giftspritzen verfolgen ist unsinnig. Sie glauben doch nicht im Ernst, dass nur die Unerwünschten sterben? Ein grosser Teil der uns unbekannten «nützlichen» Kleinstlebewesen um uns herum wird mitvernichtet. Übrigens: Haben Sie oder ihre Kinder schon

einmal gesehen, was für schöne Augen eine Stubenfliege hat? Wenn Sie auch die anderen, erwiesenermassen unschädlichen, ungebetenen Mitbewohner einmal im wahrsten Sinne des Wortes unter die Lupe nehmen, können Sie eine ganze Menge interessanter Sachen sehen, die Ihnen bis heute verborgen blieben.

Tips von A–Z

• **Ameisen** können im Haus zu regelrechten Plaggeistern werden. Die «Rotrückige Hausameise» baut sogar Gänge ins Holz. Die kleinen Tierchen bewegen sich mit bewundernswerter Sturheit auf ihren mit Duftstoffen markierten Wegen und sind kaum davon abzubringen. Am meisten Erfolg hat man mit der folgenden Methode: Etwas Glyzerin und Honig in ein, bei starkem Befall in mehrere flache Schälchen (Konfitürenglas-Deckel) geben, verrühren und nahe der Ameisenstrasse aufstellen. Die Ameisen fressen davon, kehren in ihr Nest zurück und sterben.

• **Bettwanzen** gehören zu den gefürchtesten Plaggeistern. Die zirka 5 Millimeter grossen Fluginsekten fallen uns in der Nacht an und saugen von unserem Blut. Bettwanzen kommen häufig mit alten Möbeln, Bildern und Koffern ins Haus. Braune unregelmässige Flecken in befallenen Zimmern weisen uns den Weg zum Aufenthaltsort der Wanzen. Wenn es gelingt, diese zu finden: Mit dem Staubsauger entfernen. Verwanzte Zimmer müssen von Fachleuten gründlich gesäubert (begast) werden.

• **Flöhe:** Diese hüpfenden und saugenden Tierchen können uns in ihrer aktivsten Zeit, zwischen 22 und 24 Uhr, den Schlaf rauben. Viele Hausmittelchen (mit Olivenöl und Zitronensaft besprengen, in Spiritus oder anderen Substanzen ertränken usw.) vertreiben die hartnäckigen Tierchen nicht immer. Ganz weg bringen wir sie mit dem Staubsauger oder mit Lotionen, die auch für Haustiere wirksam sind (in der Drogerie erhältlich).

• **Frösche** verirren sich ab und zu in Kellerräumen oder Eingängen. Sie sind überhaupt nicht gefährlich und sollten im Freien (weg von Strassen) ausgesetzt werden.

Für Kröten gilt dasselbe. Nicht vergessen, die Hände zu waschen, denn diese Tiere scheiden über die Haut Gifte aus.

• **Fruchtfliege (Taufliege):** Unmengen von ihnen bevölkern das überreife Obst. Wird dieses entfernt oder luftdicht gelagert, verschwinden auch die kleinen harmlosen Besucherinnen. Wenn sie gar nicht verschwinden wollen, schafft der Staubsauger Abhilfe.

• **Hausbock:** Dieser schwarzbraune, 8–20 Millimeter grosse Käfer befällt jüngeres totes Nadelholz. Gefährlich für Holzkonstruktionen sind seine Larven, die in Ausnahmefällen bis zu 12 Jahre (normalerweise ca. 7 Jahre) im Holz leben und Gänge fressen. Spezialisierte Firmen wissen, wie gegen diese Insekten vorzugehen ist.

• **Hausmaus:** Diese kleinen, äusserst reizenden Tierchen nagen an unseren Vorräten und vielen anderen Sachen. Wir fangen sie in Kastenfallen und setzen sie weit vom Haus entfernt aus. Übrigens brauchen Sie keine Angst vor einer Mäuseplage zu haben. Obwohl die Weibchen äusserst fruchtbar sind (10 Würfe mit bis zu 10 Jungen pro Jahr!), reguliert sich der Bestand entsprechend dem Futter- und Platzangebot: Die jungen Weibchen werden nicht mehr fruchtbar.

• **Kellerasseln** bewohnen dunkle feuchte Ecken in Kellern und Vorratsräumen. Erst wenn sie heerweise auftreten, können sie Gemüsevorräte angreifen, was allerdings selten vorkommt. Wenn Sie ihrer trotzdem überdrüssig sind: Feuchte Säcke auslegen, darunter einige rohe Kartoffelstücke verteilen. Nach zirka drei Tagen mit Schaufel und Besen die darunter versammelten Asseln aufwischen und im Freien aussetzen.

• **Kornkäfer:** In Kornvorräten oder in altem Brot sowie in Futtermischungen für Kleinsäuger (Hamster, Meerschweinchen usw.) ist dieser kleine Rüsselkäfer zu finden. Befallene Nahrungsmittel sind nicht mehr geniessbar. Frisch- und Zugluft sowie Trockenheit schätzt der Kornkäfer gar nicht.

• **Kröten:** Siehe Frösche.

• **Läuse** versetzen ganze Schulen in Panik. Diese Saugtierchen lassen sich heute problemlos mit Hilfe von Pulver, Salben und Shampoos vernichten. Je rascher man handelt, desto besser ist es, denn Läuse können Fleckentyphus, Fünftagefieber und noch andere Krankheiten übertragen.

• **Mehlkäfer (Mehlwurm):** Siehe Motten in Lebensmitteln.

• **Motten:** Im Haushalt fürchten wir die Motten in den Kleiderschränken und in der Vorratskammer. Gegen die Lebensmittelschädlinge hilft trockene, kühle Lagerung der Vorräte in gut verschliessbaren Dosen. Dies nützt natürlich nichts, wenn die Eier bereits beim Kauf in der Ware sind. Verdorbene Lebensmittel vor dem Wegwerfen mit kochendheissem Wasser übergiessen oder als Futter für Federvieh brauchen, jedenfalls nicht auf den Kompost oder in den Kehrichtsack geben. Die kleinen Schmetterlinge entwickeln sich dort weiter. Bei **Kleidern** ist es einfacher, die unerwünschten Fluginsekten zu vertreiben: Sonnenbäder, Kleider regelmässig durchschütteln und lüften. Säckchen mit indischer Mottenwurzel, Pfefferkörnern, Lavendel oder gelben Katzenpfötchen (aus der Drogerie) sowie Zirbelkiefernadelöl (Naturfarbenfabrik) sind vorbeugende Mittel. Mottenkugeln sind wohl ein altbewährtes, aber nicht ungefährliches Mittel gegen Motten: Das Naphthalin löst sich gut in Fett und kann bei Berührung oder durch die Dämpfe in lang verschlossenen Kästen und Truhen leichte bis mittlere Vergiftungen beim Menschen verursachen. In den moderneren Mottenmitteln finden wir heute häufig p-Dichlorbenzol und sogar Lindan. Auch diese Dämpfe können Haut- und Schleimhautreizungen hervorrufen. Kopfschmerzen und Schwindel bis hin zu Augenschäden und Nierenerkrankungen durch p-Dichlorbenzol können ebenfalls durch diese Dämpfe entstehen.

• **Ohrwurm (Ohrengrübler):** An vielen, vornehmlich trockenen, geschützten Orten sind Ohrwürmer zu finden, nur nicht in menschlichen Ohren. Der Name genügt: Es gibt Leute, die diese nützlichen Tiere (gute Blattläusefresser) rücksichtslos vernichten. Im Haus können sie in Kellern auftreten. Mit Besen und Schaufel einsammeln und im Freien aussetzen ist die beste und einfachste Methode.

• **Ratten:** Bei vielen Menschen lösen Ratten Ekel und Angst aus. Vielleicht sind wir deswegen dazu bereit, ihnen Giftköder (Zinkphosphid im Giftweizen) vorzulegen, die Erbrechen, Schwindel, Krämpfe, Atemlähmungen und Bewusstlosigkeit auslösen. Überleben sie diese Giftattacke, haben sie zeitlebens einen Leber- und Nierenschaden. Andere Gifte (u. a. Thallium) zersetzen sich nicht und töten die Tiere, welche die vergifteten Ratten vertilgen (Raubvögel, Katzen, Hunde). Alle Gifte, die Ratten schaden, können auch andere Tiere und Menschen vergiften. Ratten können in Fallen gefangen werden, oder noch besser: Sie schaffen sich eine Katze an, die sie vertreibt.

• **Schaben:** Diese hellbraunen Insekten leben vorwiegend in warmen Räumen (Backstuben, Küche, Getränkeautomaten usw.) Sie sind in der Dunkelheit aktiv und fressen alles, was sie finden können. Bei geringem Befall können sie in den ersten Nachtstunden überrumpelt und aus dem Haus gebracht werden. Bei grösserem Befall schaffen Fachleute Abhilfe mit Begasen.

• **Schnecken (Kellerschnecke und grosse Egelschnecke):** Diese zwei Arten können Gemüsevorräte in Kellern und Vorratschöpfen beträchtlich schädigen.

5

Die silbrig glänzende Leimspur verrät uns, wer sein Unwesen treibt. Hausschnecken können einfach abgelesen und ausgesetzt oder mit Kleiespreu angelockt werden.

• **Silberfische** sind harmlose, lichtscheue Wesen. Sie richten kaum Schaden an. Mit irgendwelchen chemischen Mitteln gegen diese kleinen Insekten vorzugehen ist unverhältnismässig. Sie halten sich mit Vorliebe in feuchten Räumen auf. Lässt man sie gründlich austrocknen, verschwinden die interessanten Insekten (schauen Sie sie vorher einmal mit der Lupe an) von selbst.

• **Spinnen** sind in vielen Häusern sehr unbeliebte Gäste, obwohl sie weder für Mensch noch für Haustiere gefährlich sind. Die Giftklauen können Menschenhaut nicht durchstechen. Sie brauchen sie, um ihre Beute zu narkotisieren.

• **Stechmücke (Schnake):** Stechmücken können uns den Schlaf rauben oder an einem lauen Sommerabend das gemütliche Verweilen im Garten unmöglich machen. Den Stichen vorbeugen: Fenster früh schliessen an warmen Abenden, Insektenschutznetze über dem Bett anbringen, im Garten Kerzen anzünden, jedoch nicht die präparierten Sorten kaufen, die mit irgendwelchen Insektiziden behandelt sind (giftige Dämpfe). Öllämpchen mit Lavendel- oder Zitronenöl vertreiben die Insekten ebenfalls. Offene Wasserstellen (Regenwassertonnen u. a.) ohne natürliche Feinde (Amphibien, Libellenlarven usw.) sind ideale Brutstätten für die zirka 250 Eier, die eine Stechmücke frei über der Wasseroberfläche schwebend legt. Je nach Temperatur ist der Nachwuchs schon nach drei Wochen jagdfähig! Nach einem Stich hilft Ringelblumentinktur oder -salbe, Essigsaure-Tonerde sowie Zwiebelsaft.

• **Stubenfliege:** Diese relativ grossen, laut surrenden

Insekten kitzeln nicht nur unsere Haut, sondern strapazieren auch die Nerven. Glücklicherweise haben sie nur eine kurze Lebensdauer von zirka zwei Monaten. Trotz allem Ärger, den sie uns bescheren, können wir sie dennoch am Leben lassen. Wenn die Stubenfliegen Ihnen lästig sind: Eine Fliegenklatsche sowie Leimbänder tun gute Dienste. Vorbeugend: Während direkter Sonnenbestrahlung Fenster geschlossen halten.

Weberknecht (Zimmermann) ernähren sich von kleinen Beutetieren (Fliegen usw.), angefaultem Obst und Gemüse. Sie machen keine Netze wie die Spinnen und sind nicht gefährlich für Menschen und Haustiere. Wer sie nicht im Haus haben will, kann die langbeinigen Spinnentiere ins Freie befördern.

• **Wespen:** Wespen sind nur gefährlich, wenn sie im Mundinnern oder in grössere Blutgefässe stechen. Dennoch ist es lästig, beim Mittagstisch von ihnen umschwärmt zu werden. Zugängliche Nester im Dunkeln entfernen (mit Sack überstülpen, oben wegschaben) und im Wald aussetzen.

Zecken warten in Gebüschen und Stauden bis ein geeigneter Warmblüter vorbeikommt und lassen sich auf ihn fallen. Vorbeugend kann kaum etwas unternommen werden, denn sie nehmen den Geruch von Buttersäure wahr, den alle Warmblüter abgeben. Kleine Zecken mit einem Pflaster überkleben und nach kurzer Zeit wegreissen. Empfohlen wird auch das Betupfen mit Petrol (Wattebausch), Salatöl, Butter oder Johanniskrautöl. Nach einigen Stunden kriechen die saugenden Biester selber heraus oder lassen sich mit einer Pinzette gegen den Uhrzeigersinn herausdrehen. In verschiedenen Regionen übertragen die Zecken Hirnhautentzündung. Dagegen kann man sich impfen lassen. Bei Fieber nach einem Zeckenbiss sofort ärztlichen Rat einholen.

Schädlinge an Zimmerpflanzen

Wenn Zimmerpflanzen von Schädlingen befallen werden, abklären, ob sie einen Standort haben, der ihren Bedürfnissen entspricht. Häufig fördert Wärme den Insektenbefall. Die nachfolgende Liste ist unvollständig. Beim Kauf von Schädlingsbekämpfungsmitteln darauf achten, dass Sie **biologische Spritzmittel** wählen. Sie sind in Drogerien oder im Fachhandel erhältlich.

• **Blattläuse** sondern klebrigen Honigtau auf allen Pflanzenteilen aus. Pflanze mit der Dusche kräftig überbrausen. Wenn das nichts nützt, mit einer 2prozentigen Schmierseifenlösung besprühen.

• **Schmier- und Wolläuse** bilden wollartige Flächen in Blattachsen usw. Wir pinseln mit Brennspiritus diese Wachsausscheidungen weg und besprühen die Flekken mit 2prozentiger Schmierseifenlösung. Eine weitere Bekämpfungsmethode: Wir tauchen die Pflanze (ohne den Wurzelbereich) in Brennessel- oder Schachtelhalmbrühe. Jede Behandlungsart muss mehrere Male wiederholt werden.

• **Wurzelläuse** verraten sich durch weisse Pünktchen in der Topferde. Umtopfen, Behälter mit Schmierseife ausbürsten, Wurzeln zirka eine Viertelstunde in lauwarmem Brennesselwasser baden und am Ansatz mit einer weichen Bürste reinigen.

• **Milben** können Zimmerpflanzen stark schädigen: Trockene, sich bräunende Blätter, kräuselnde Blattränder; graugelbe Aufhellungen und matte Blattoberseiten sind eingie Symptome. Die kleinen saugenden Tierchen lassen sich mit Brennesselwasser, Schachtelhalmtee manchmal rasch vertreiben (auch Blattunterseiten besprühen, dort sitzen sie), wenn die befallene Pflanze gleichzeitig in ein kälteres Zimmer zu stehen kommt.

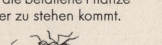

• **Pilze** verursachen Blattverfärbungen. Die befallenen Teile kräuseln sich oder fallen ab. Kranke Teile entfernen und mit Schachtelhalmtee mehrere Male pro Woche übersprühen.

6

Auch mit umwelt-
verträglichen Waschmitteln
wird unsere Wäsche sauber

Waschen ist – egal wie und womit – grundsätzlich umweltverschmutzend. Es gibt leider kein ausgeklügeltes Vorgehen, mit dem wir unsere eigenen Hemde in Unschuld waschen können: Ohne Wasser und Waschmittel wird auch bei der Handwäsche nichts sauber! Zudem ist meistens noch Energie notwendig, sei es für die Waschmaschine oder für das Erhitzen von warmem Wasser. Was wir tun können, ist die Umweltbelastung auf ein absolutes Minimum zu senken.

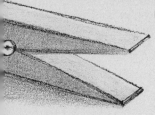

Die ökologisch sinnvollste waschaktive

Substanz ist Seife.

Auch umweltfreundliche Waschmittel – und so nennen mittlerweile die meisten Hersteller ihre Produkte – müssen abgebaut werden. Jeder Waschvorgang belastet durch die im Waschmittel enthaltenen Stoffe das Ökosystem. Sie gelangen zu einem beträchlichen Teil in die Umwelt – laut Hochrechnungen Millionen von Tonnen. Das umweltfreundlichste Verhalten ist also «Nichtwaschen», und das ist unmöglich! Was wir aber bestimmt prüfen sollten, sind unsere Ansprüche an fleckenlose Sauberkeit. Können wir diese für eine Gruppe von Wäschestücken reduzieren? – Halt, werfen Sie nicht alle Ihre bisherigen Gewohnheiten über Bord: Prüfen Sie, welche die Umwelt am meisten belasten und beginnen Sie das zu ändern, was sie am meisten stört.

Waschen ist keine Knochenarbeit mehr

Früher war der Waschtag etwas Besonderes. Er dauerte je nach Familiengrösse bis zu 16 Stunden, während denen geschrubbt, gekocht, geklopft, ausgewrungen und zum Trocknen aufgehängt wurde. Ich erinnere mich gut, als die ersten Waschmaschinen die Haushaltungen zu erobern begannen. Auf wundersame Art und Weise kam saubere, allerdings noch tropfnasse Wäsche aus den Trommeln. Heute brauchen wir einige wenige Minuten, um die Wäsche zu sortieren, in die Maschine zu füllen, das Waschmittel beizugeben und den gewünschten Waschgang zu wählen. Wer über einen Wäschetrockner verfügt, spart sich auch noch das Aufhängen und Abnehmen der Wäsche. Diese massive Arbeitserleichterung hat wesentlich dazu beigetragen, dass unsere Sauberkeitsansprüche sprunghaft angestiegen sind.

Fünf Minuten für eine gute Umwelt-Tat

Nicht zuletzt dank den vielen Vollwaschmitteln ist Waschen kinderleicht geworden. Genau diese Allerwelts-Täter verschmutzen unsere Gewässer im Übermass. Sie haben Inhaltsstoffe, die den Anforderungen eines Kochwaschganges entsprechen. Bei niedrigeren Temperaturen gelangt daher ein Teil dieser Stoffe ungenutzt in unsere Gewässer: Nicht nur ein ökologischer, sondern auch ein ökonomischer Unsinn!
In Anbetracht der grossen Belastung unserer Flüsse durch verschiedenste Quellen muss dringend etwas geschehen. Setzen Sie pro Waschgang nur fünf Minuten mehr Vorarbeit ein, und es wird plötzlich möglich sein, für jede Temperatur ein passendes Waschmittel bereitzuhalten. Seifenflocken in Wasser aufzulösen und allenfalls noch einen ökologisch unbedenklichen Enthärter (Zeolith) beizugeben, ist einfach.
Ein erster Schritt **weg vom Vollwaschmittel** ist das sogenannte **Tandem-System.** Zwei Waschmittel kommen dabei zum Einsatz: Eines für Kochwäsche und

eines für Buntwäsche (30–60 °C). Damit verhindern wir bereits, dass die Bleichmittel, die nur bei Temperaturen von 80–95 °C optimal wirken, auch im Bunt- oder Feinwaschgang – weitgehend ohne Wirkung – mit dabei sind. Noch besser wird die Bilanz, wenn wir ein Mittel wählen, das keine optischen Aufheller (im Kleingedruckten erwähnt) enthält. Sie täuschen uns ohnehin nur etwas vor.

Eine Weiterentwicklung ist das **Baukasten-System.** Mit einem Grundwaschmittel (einige Produkte im Anhang), einem Enthärter und für Einzelfälle einem Bleichmittel bestimmen wir noch genauer als oben, was für jeden Waschgang richtig ist.

Für das Baukasten-System eignen sich die folgenden Waschmittel:
– Bionatura
– Claral 60
– Held's Plurin 60
– Lavexan (für Temperaturen von 60–90 °C)
– Sonett (reines Seifenwaschmittel)
– VIA und Sunlight

Am umweltfreundlichsten ist das **Waschen mit Seife,** Enthärter, Essig und, falls unbedingt nötig, noch Bleichmittel. Seife ist ein guter Schmutzträger, weist eine hervorragende waschaktive Substanz auf und ist gut und vollständig abbaubar. Geringe Seifenresten, die in der Wäsche zurückbleiben, übernehmen die Funktion von Weichmachern.

In zirka 75% aller Haushalte in Deutschland und in der

Schweiz sind spezielle Weichspüler im Einsatz. Sie sind überflüssige Umweltverschmutzer. Die Vorteile: Geschmeidigere, weniger zerknitterte Wäsche, die nach Parfüm duftet, bei Synthetiks Verhinderung der elektrostatischen Aufladung. Dafür verringern die dickflüssigen Substanzen die Saugfähigkeit, erhöhen die Schmutzanfälligkeit und bringen naturfremde Stoffe in die Gewässer. Verschiedene Weichspülwirkstoffe sind nur schlecht abbaubar und hochgiftig für Fische sowie kleine Wasserlebewesen. Auch viele Menschen reagieren allergisch auf Weichspüler.

Sauber mit Seife

Viele Hausfrauen und Hausmänner waschen bereits erfolgreich mit Seife. Der Arbeitskreis «ökologisch Waschen» hat die Erfahrungen gesammelt und empfiehlt:

Weiches Wasser (bis 15 fH/10 dH)
Hauptwaschgang (30–40 °C): 40 g Seifenflocken
Vor- und Hauptwaschgang (30–60 °C): Vorwaschen 40 g, Hauptwaschen 25 g Seifenflocken.
Kochwäsche (95 °C): Vorwaschen 40 g, Hauptwaschen 25 g Seifenflocken. **Nur Hauptwaschen:** 40 g Seifenflocken plus 2 Esslöffel Bleichmittel (ohne Zusatz, wie optische Aufheller usw.)
Hartes Wasser
Seifenmengen wie oben beschrieben.
Bei 20 fH/10 dH: 1 Essl. Enthärter (siehe Zeolith)
Bei 30 fH/17 dH: 2 Essl. Enthärter (evtl. Inonenaustauscher einbauen)
Bei 40 fH/22 dH: 3 Essl. Enthärter

Tips von A–Z

• **Entkalken:** Wenn wir auf Vollwaschmittel verzichten, ist nach zirka 30 Waschgängen die Waschmaschine zu entkalken: 1 Liter Putzessig einfüllen, Hauptwaschgang (60°C) einschalten, nach dem Aufheizen Maschine für 2 Std. abstellen und anschliessend Programm zu Ende laufen lassen.

• **Flüssigwaschmittel:** Verschiedene Waschmittelhersteller bieten auch Flüssigwaschmittel an. Sie haben verschiedene Vorteile: Keine Bleichmittel, meistens ohne Enthärter, hohe Seifenanteile und hohe Konzentration (wenig Waschmittel bringt grössere Wirkung). Die Nachteile: Erhöhung der Reinigungswirkung mit Hilfe eines Lösungsmittels (Alkoholbasis), bunt gefärbte Einwegflaschen aus Kunststoff, die, angefangen bei der Produktion bis hin zur Beseitigung, eine denkbar schlechte Ökobilanz aufweisen.

• **Messbecher:** Verwenden Sie einen Messbecher mit Markierung, und beachten Sie, dass diese meistens weit unter dem Becherrand zu finden ist. Von einer Überdosierung profitiert nur der Hersteller. Versuchen Sie, bei nur gering verschmutzter Wäsche 10 bis 20% weniger Waschmittel als vorgeschrieben beizugeben. Das Resultat ist meistens befriedigend.

• **Programmwahl:** Anstatt aus Gewohnheit das Kochwaschprogramm einzustellen, daran denken, dass bei 60°C das Resultat – ausser bei sehr starker Verschmutzung – gleich gut ist. Die Wäsche wird auch vom hygienischen Standpunkt aus bei 60°C einwandfrei. Wer keine Spartaste hat, spart mit diesem Trick 40% Energie pro Waschgang! Einzig Säuglings- und Krankenwäsche soll bei höheren Temperaturen gewaschen werden.

• **Sparprogramme:** Warten Sie mit Waschen, bis die

Maschine voll ist. Stopfen sie jedoch nicht zuviel Wäsche hinein. Sie wird dann nicht ganz sauber. Denken Sie daran, dass zwei Sparprogramme mehr Energie, Wasser und Waschmittel brauchen als ein normaler Waschgang. Einmal getragene Kleidungsstücke auslüften.

• **Tumbler** sind regelrechte Energiefresser, auf die Sie verzichten sollten.

• **Vorwaschen:** Nur bei ganz stark verschmutzter Wäsche ist ein Vorwaschgang nötig. Bewährt hat sich bei stark befleckten Wäschestücken folgendes Vorgehen: Das Vorwaschprogramm einschalten, eventuell etwas aufgelöste Seifenflocken dazugeben, zehn Minuten laufen lassen, abschalten, fünf bis sechs Stunden einweichen lassen.

• **Vorwaschsprays:** Eine unnötige Belastung für die Umwelt sind die verschiedenen Vorwasch- oder Fleckensprays. In vielen «Fleckenkillern» ist Perchlorethylen enthalten. In Städten und in der Umgebung von Chemischen Reinigungen werden häufig Werte gemessen, die zum Teil weit über der Toleranzgrenze liegen. Perchlorethylen verursacht Langzeitschäden: Leber und Nieren werden angegriffen. Der Stoff ist höchstwahrscheinlich krebsfördernd. Wie alle Chlorkohlewasserstoffe ist PER im Klärschlamm nicht zu finden, dafür umsomehr im Flusssand und in Gewässern (Fleckenentfernung siehe nächstes Kapitel).

• **Waschmaschine:** Fragen Sie beim Kauf einer Waschmaschine nach dem Energie- und Wasserverbrauch sowie nach der Wartungsfreundlichkeit. Vergleichen Sie verschiedene Marken (Adressen für Tests im Anhang).

Wasserhärte: Nur wer die Wasserhärte kennt, kann das Waschmittel richtig dosieren. Die Gemeinde- oder Stadtverwaltung gibt über den Härtegrad des Wassers

Auskunft. Auf den Waschmittelpackungen sind in der Regel drei verschiedene Dosierungsempfehlungen aufgeführt. Sie sind folgendermassen anzuwenden:
– bis 15° französische Härtegrade (fH)/10 deutsche Härtegrade (dH): Minimaldosierung
– bis 25 °fH/17 dH: Mittlere Dosierung
– über 30 °fH/22 dH: Maximaldosierung
• **Weichspüler, Weichmacher für Tumbler:** Beide sind überflüssig. Sie belasten unnötig das Ökosystem mit ihren schwer abbaubaren Inhaltsstoffen. Gegen harte Wäsche helfen: ein Deziliter Essig dem Spülgang beigeben, Frottiertücher zwei Mal schleudern und wenn immer möglich an der frischen Luft trocknen.

Geheimnisvolle Inhaltstoffe

• **AS:** siehe Tenside
• **Aufheller oder optische Aufheller:** Sie wandeln UV-Strahlen in Licht um. Sauberer wird die Wäsche nicht, sie scheint nur so! Optische Aufheller sind sehr schlecht abbaubar.
• **Bleichmittel:** Sie entfalten ihre volle Wirkung ab 80 °C. Bleichmittel heissen häufig auch Perborat (starke Umweltbelastung) oder Percarbonat (geringere Umweltbelastung). Beim Kauf von Bleichmitteln darauf achten, dass sie keine unnötigen waschaktiven Substanzen oder optischen Aufheller enthalten. Die auf der Packung angegebene Dosierung nicht überschreiten.
• **Carboxymethylcellulose:** Ähnliche Beurteilung wie Polycarboxylate, wird aber aus Cellulose von Holzabfällen gewonnen (problematisch bei der Verarbeitung).
• **Enzyme:** Sie wirken am besten bei Temperaturen zwischen 30 und 60 °C und beseitigen eiweiss- und stärkehaltigen Schmutz (Eier, Saucen, Milch usw.). Dieselbe

Wirkung erreichen wir durch Einseifen und Einweichen vor dem Waschen.

• **EDTA:** Das Ethylen-Diamin-Tetra-Acetat durchläuft unverändert die Kläranlagen. Häufig wird es in der Kurzform «Stabilisator» genannt. Trotz dieser positiven Umformulierung löst das unabbaubare EDTA in Gewässern giftige Schwermetalle aus den Sedimenten und schleust sie ins Grund- und Trinkwasser. Vergessen Sie nicht, dass Abwasser wieder Trinkwasser wird!

• **FAS:** siehe Tenside

• **FAE:** siehe Tenside

• **Komplexbildner:** Sie verhindern Ablagerungen auf Wäsche und Maschinenteilen. Als Komplexbildner werden die folgenden Stoffe bezeichnet: EDTA, Natriumcitrat, NTA, Phosphonate und Polycarbonate, Soda, Wasserglas und Zeolith A.

• **LAS:** siehe Tenside

• **Natriumcitrat:** Seine Wirksamkeit nimmt bei höheren Temperaturen ab. Die Umweltverträglichkeit ist zufriedenstellend.

• **NTA:** Das Nitrilo-Tri-Acetat ist in den Kläranlagen nicht voll abbaubar. Wenn hohe Konzentrationen vorhanden sind, kann es Schwermetalle aus Sedimenten lösen. Bisher ist in der Schweiz, wo das mittlerweile verbotene Phosphat weitgehend durch NTA ersetzt wurde, keine besondere Belastung für die Gewässer festzustellen.

• **Perborat** ist ein uralter Waschmittelzusatz. Er zerfällt jedoch beim Waschen langsam in Bor und Sauerstoff. Bor kann in Kläranlagen nicht aufgefangen werden, gelangt in die Gewässer und bringt dort das Leben von Pflanzen und Tieren durcheinander. Tomatenstöcke reagieren schon nachteilig bei Konzentrationen von 0,3 mg/l. Dieser Wert wird beispielsweise in der Ruhr auch erreicht.

- **Percarbonat:** Dieser Stoff wäre von der Umweltverträglichkeit her eine gute Alternative. Er ist allerdings schwer zu verarbeiten und ist darum noch nicht breit im Einsatz.
- **Polycarboxylate und Phosphonate:** Diese Stoffe sind schwer abbaubar und wenig erforscht in bezug auf Umweltschäden. Sie sind häufig unter dem Begriff Schmutzträger versteckt. Sie werden auf der Basis von Erdöl hergestellt.
- **Soda** ist ökologisch unbedenklich. Das Natriumcarbonat bildet jedoch relativ rasch Ablagerungen auf der Wäsche, den gefürchteten Grauschleier.
- **Seife** wird aus natürlichen pflanzlichen und tierischen Fetten und mit Hilfe von Laugen hergestellt. In Kläranlagen wird Seife rasch vollständig abgebaut.
- **Tenside:** Sie sind in erster Linie für das Lösen von Fett im Wasser zuständig. Die **weichen Tenside** können auch FES, AS, FAS, Seife und FAE (ökologisch problematisch) heissen. Das meistverwendete **mittelharte Tensid** ist unter der Kurzbezeichnung LAS (lineare Akylbenzolsulfonate) auf vielen Wachmittelpackungen zu finden. Es ist in der Kläranlage nur zu zirka 30% abbaubar und zudem ein Erdölprodukt.
- **Waschaktive Substanzen:** Mit diesem Begriff werden in der Deklaration die Tenside umschrieben. Die meisten herkömmlichen Waschmittel enthalten das LAS (siehe Tenside). Umweltfreundliche Pulver sind in der Regel auf einer Mischung von Seife und weichen Tensiden aufgebaut.

Zeolith A: Dieser Ionenaustauscher entzieht dem Wasser die Härtebildner (Komplexbildner in der Deklaration). Er wird aus Gestein gewonnen (Natrium, Aluminium, Silikate) und gilt gemäss verschiedenen Untersuchungen als ökologisch unbedenklich. Enthärter dem Hauptwaschgang beigeben.

Für beinahe jede Fleckenart gibt es irgendein Spezial-
mittel, das bei Kleidungsstücken wieder schattenfreies
Weiss, im Backofen makellose Sauberkeit, kurz überall
dort, wo die Spuren menschlichen Daseins sichtbar
werden, radikale Hilfe verspricht.

Mit weichen Mitteln einsteigen

und nur im äussersten Notfall zu

härteren Sachen greifen.

Ein schmutziger Backofen zeugt nicht nur davon, dass
er häufig benutzt und nicht nach jedem Gebrauch
gereinigt wird: Die Anzahl Flecken scheinen Massstab
zu sein, an dem Fleiss und Qualität der Hausfrau
gemessen werden. – Wer will da schon als faul oder
unfähig eingestuft werden? Diesen Umstand wissen
die Werbefachleute zu nutzen: Sie bieten uns ein flek-
kenloses Dasein an. Dieses lassen wir uns einiges

kosten. Von den Umwelt-Sünden spricht niemand! Dies, obwohl alle Hersteller wissen, dass zum Beispiel die Lösungsmittel in den üblichen Fleckenentfernern samt und sonders gesundheitsschädigend sind, und zwar nicht nur bei oraler Einnahme, sondern auch beim Einatmen.

Delegiert man bei Kleidungsstücken die Veranwortung an die Chemische Reinigung, hat man zwar das Problem vom Tisch, Abwasser und Luft nehmen jedoch genauso, wenn nicht noch mehr Schaden. Sie werden jährlich mit tausenden von Tonnen Chlorkohlenwasserstoffen verschmutzt. Diese sind schwer abbaubar und stören die Arbeit der kleinen Wasserlebewesen im biologischen Teil der Kläranlagen.

Wie Sie Flecken ohne den Einsatz von chemischen Mitteln beseitigen können, ersehen Sie aus der Fleckentabelle.

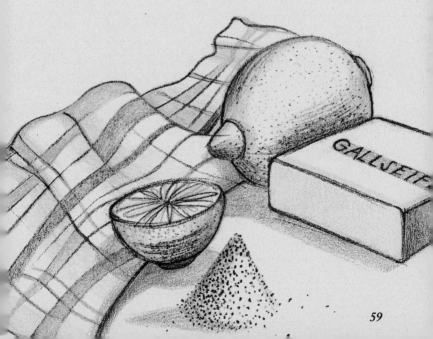

Problematische Entsorgung

In vielen Haushaltungen stehen Unmengen von Fläschchen, Tuben und Dosen im Putzkasten. Wenn der Platz knapp wird oder beim Frühlingsputz, wandern einige davon in den Abfall. Reste von flüssigen Mitteln gelangen nicht selten direkt via Ausguss ins Wasser. Richtig und zwingend ist der Gang zur Giftsammelstelle. Denn selbst kleine Mengen richten Schaden an. Schon ein Schuss Fleckenenferner kann, je nach Zusammensetzung, für ein Kind tödlich sein.

Wenn wir uns auch vorbildlich verhalten, dürfen wir uns nichts vormachen: Giftige Stoffe können auch von den Giftsammelstellen nicht rückstandsfrei beseitigt werden. Wir finden sie häufig wieder in konzentrierter Form in Sondermülldeponien. Darum: Nehmen Sie beim Kauf eines Spezialreinigungsmittels die Deklaration genau unter die Lupe.

Fleckenmittel mit den folgenden Substanzen gehören nicht in den Putzschrank
Chlorkohlenwasserstoffe (CKW), Methylenchlorid (Dichlormethan), Perchlorethylen (Per), Toluol, Trichlorethan, Trichlorethylen (Tri), Xylol.

Kaufen Sie keine Produkte, von denen Sie nicht wissen, was sie enthalten. Viele Möbelpolituren weisen beispielsweise u. a. Spuren von Benzol auf, der als krebserregender Arbeitsstoff bekannt ist. Es ist beängstigend, was in Spezialreinigungsmitteln alles enthalten ist. Gerät zum Beispiel der Strahl eines alkalischen Backofenreinigers in die Augen, ist sofort ein Augenarzt aufzusuchen. Eine Erste-Hilfe-Massnahme: Auge 30 Minuten unter fliessendes Wasser halten.

Die auf Packungen gedruckten Warnungen, dass Spezialputzmittel nicht in Kinderhände gehören, genügen nicht: Immer wieder kommt es zu Unfällen und Vergiftungen. Der Verzicht auf «harte Reinigungsmittel» ist aus verschiedenster Sicht ein wichtiger Beitrag für eine lebenswerte Umwelt.

Fleckentips von A–Z

• **Aluminiumgegenstände:** Schwarze Flecken mit Zitronensaft behandeln oder in Essigwasser auskochen. Bei starker Verfäbung von Pfannen frische Rhabarberblätter darin kochen und diese danach wegwerfen.

• **Backblech** noch warm mit Salz und Papier scheuern oder mit dickflüssiger Schmierseifenlauge bestreichen (10 Stunden einwirken lassen).

• **Backofen** noch warm mit Schmierseifenwasser auswaschen, einzelne Flecken (ausser Email- und selbstreinigende Beschichtungen) mit Scheuerpulver behandeln. Bei grossflächiger starker Verschmutzung siehe Backblech.

• **Bratpfanne (unbeschichtet)** noch warm mit Salz bestreuen und mit Zeitungspapier ausreiben.

• **Bügeleisen:** Klebrige oder fleckige Unterseite mit ganz feinem Sandpapier vorsichtig abreiben.

• **Fleckenmittel:** Herkömmliche Fleckenmittel für Holz können die Lackschicht angreifen oder auflösen.

• **Holzböden und Holzflächen geölt:** Regelmässig (ca. halbjährlich) mit heissem Seifenwasser reinigen, nachspülen, neu einölen und mit weichem Tuch nachpolieren. Hartnäckige Flecken nach dem Spülen mit Spiritus (wenig auf Wattebausch geben) entfernen. Viele Flecken verschwinden oder bleichen durch die regelmässige Reinigung von selbst aus.

• **Holzböden und Holzflächen gewachst:** Flecken mit Stahlwolle in Faserrichtung scheuern, wischen und neu wachsen.

• **Holzböden- und Holzflächen lackiert** mit einem Seifenwassergemisch feucht abwischen und nachtrocknen. Kräftiges Reiben greift unter Umständen die Beschichtung an. Kerzenwachs, Leimtropfen usw. sorgfältig wegschaben. Dunkle Möbel mit einer Schwarzteelösung (einen Schuss Essig beigeben) feucht abwischen, nachpolieren. Einzelne Flecken mit Spiritus getränktem Lappen behandeln, trockenreiben.

• **Holzböden und Holzflächen unbehandelt** mit Seifenlauge je nach Verschmutzungsgrad kräftig schrubbern, nachspülen und für rasches Trocknen sorgen. Obstflecken mit einem Wattebausch behandeln, dessen Unterseite man in Öl leicht getränkt und mit Kochsalz bestreut hat. Bei Fettflecken etwas Pfeifenerde mit Wasser zu einem Brei rühren, auftragen, einwirken lassen und wegwaschen.

• **Kalkflecken auf Badewannen, Gläsern, Fliesenkacheln, Kalkablagerungen in der WC-Schüssel** lassen sich mit Zitronensaft (ca. 8% Zitronensäure) oder mit Putzessig (ca. 10% Säuregehalt) entfernen. Je nach Verkalkung mit getränktem Tuch einwirken lassen oder Behandlung wiederholen. Mit klarem Wasser nachspülen und mit Ledertuch trocknen. **WC:** In stark verkalkte WC-Schüsseln 2 dl Putzessig geben und über Nacht einwirken lassen.

• **Kochherd:** Flecken mit Schlämmkreidebrei behandeln, nachspülen, trocknen.

• **Kochherdplatten** kurz schwach aufheizen und mit

einigen Tropfen Speiseöl (auf Zeitungspapier geben) einreiben.

• **Korbgeflecht** mit warmem Salzwasser und harter Bürste kräftig scheuern, trocknen und mit weichem Lappen nachpolieren. Bei hartnäckigen Flecken Schmierseifenlösung einwirken lassen, nachspülen, trocknen, nachreiben.

• **Kupfer** mit Schlämmkreidebrei und wenig Wasser polieren, nachspülen, trocknen. Wenn das Resultat nicht befriedigt, die folgenden Rezepte ausprobieren: Buttermilch und etwas Salz (5:1) oder Essig und Salz (8:3 Essl.) auftragen, scheuern, spülen, trocknen, polieren.

• **Kunstfasern** mit Seifenlösung behandeln.

• **Lackleder:** Flecken mehrmals mit Milch abwischen und nachpolieren.

> Essig sparsam verwenden: Viele tausend Essigportionen machen die Fische auch sauer!

• **Leder** mit Kernseifenlauge reinigen, mit neutraler Schuhcrème einreiben und nachpolieren.

• **Messerklingen:** Fleckige Messerklingen mit roher Kartoffel abreiben.

• **Messing** mit Zitronensaft und Salz abreiben, spülen, polieren.

• **Möbel:** Siehe Holzböden und Holzflächen.

• **Polster aus Naturfasern** mit Essigwasser abwischen.

• **Porzellanflecken:** Einen Korkzapfen in Öl tauchen und im Salz wenden. Flecken mit kreisenden Bewegungen entfernen.

• **Schlämmkreide** ist auch unter der Bezeichnung Polierkalk in Drogerien erhältlich. Sie kann auf einen nassen Schwamm aufgetragen oder mit wenig Wasser zu einem Brei vermischt werden. Weil Schlämmkreide weicher ist als herkömmliche Scheuermittel, verursacht sie auf Lavabos, Chromstahl und anderen heiklen Oberflächen keine Kratzer.

• **Schuhe:** Sie bekommen im Winter oft weisse Ränder. Wir entfernen sie mit heissem Wasser und Bürste. Anschliessend reichlich einfetten, über Nacht trocknen lassen und nachpolieren.

• **Silber** mit warmem Kartoffelwasser (Kochwasser von Salzkartoffeln) übergiessen, lauwarm nachspülen und trockenreiben. Stark beflecktes Besteck in saure Milch einlegen, lauwarm nachspülen und polieren. Eine weitere Variante: Krug mit Silberpapier auslegen, etwas Salz dazustreuen, Besteck hineinstellen, mit heissem Wasser auffüllen.

• **Tapeten:** Fettflecken entfernen wir mit Löschblatt und Bügeleisen.

• **Teeflecken auf Geschirr** mit Essig und Salz abreiben. Teekannen innen nie reinigen. Je dicker die Kruste, desto besser der Tee!

• **Teppichböden:** Einzelne Flecken mit Gallseifen-Schaum einreiben. Damit keine Ränder entstehen, mit lauwarmem Essigwasser (5 Teile Wasser / 1 Teil Essig) nachspülen und trockentupfen. Bei **Wollteppichen** genügt oft auch eine lokale Behandlung mit Essigwasser.

• **Vasen:** Bei braunen Rändern und gelblicher Verfärbung Vase mit mit zerkleinerten Eierschalen füllen, einen Esslöffel Essig zugeben, mit heissem Wasser auffüllen, verschliessen und kräftig schütteln, warm ausspülen.

• **Waschbecken:** Flecken mit Salz oder Schlämmkreide behandeln.

Flecken auf Textilien

• **Asphalt** mit Messerrücken bestmöglich wegschaben und anschliessend mit Butter einreiben, bis das Fett aufgelöst ist. Mit Spülmittel einreiben und gründlich spülen.

• **Bier** mit lauwarmem Wasser oder Seifenlauge auswaschen.

• **Blut** in kaltem Wasser auswaschen (nie heiss), in Sodawasser oder Seifenlauge einweichen. Bei Samt und Seide reinen Alkohol verwenden.

• **Brandflecken** sofort mit Essigwasser oder Zitronensaft beträufeln, mit Salz bleichen.

• **Butter** mit Geschirrspülmittel, Gallseife oder wenig Zahnpasta einreiben, ausspülen.

• **Cola** mit handwarmem Wasser auswaschen und mit Seifenlauge nachbehandeln.

• **Eierflecken** in kaltem Wasser einweichen, nachher mit lauwarmer Seifenlauge behandeln.

• **Fruchtsaft und Früchte** mit Zitronensaft beträufeln und mit Seifenlauge waschen oder in Buttermilch einweichen und ausbleichen.

• **Gras** mit Gallseife einreiben oder Lappen in Spiritus tränken und Flecken damit behandeln.

• **Kaffee** mit lauwarmer Seifenlösung oder Gallseife reinigen.

• **Kaugummi:** Kleidungsstück in Plastikbeutel verpakken und für eine Stunde ins Kühlfach legen. Gummi zerklopfen und abschaben.

• **Kragen** mit Gallseife einreiben. Hartnäckige Flecken mit Schwamm netzen und in eine Lösung von 9:1 Wasser, Salmiakgeist tauchen, mit klarem Wasser spülen.

• **Kravatten:** Seidenkravatten in lauwarmem Kartoffelwassser reinigen.

• **Kugelschreiber** mit Zitronensaft beträufeln und einwirken lassen. Essigwasser zum Spülen.

- **Lackfarben:** Reines Terpentinöl (Destillat aus Kiefernharz) hilft in den meisten Fällen. Kein Terpentinersatz verwenden!
- **Leim:** Lauwarmes Essigwasser. In hartnäckigen Fällen Aceton (keine Synthetics).
- **Maschinenöl:** Siehe Asphalt.
- **Milch:** Seifenlösung oder Wundbenzin.
- **Obst:** Siehe Fruchtsäfte.

Wichtig ist, dass Flecken so rasch wie nur möglich behandelt werden. Um Ränder zu vermeiden, arbeiten wir bei der Fleckentfernung von aussen nach innen.

- **Rotwein** mit Salz bestreuen, abklopfen, danach sofort in Seifenlauge einweichen.
- **Russ** nicht verreiben, sondern gut auschütteln oder staubsaugen. Schmierige Flecken mit Geschirrspülmittel oder Zahnpasta reinigen.
- **Schokolade:** Seifenlauge oder Wundbenzin.
- **Spinat** mit roher Kartoffel abreiben. Warmes Seifenwasser zum Nachspülen.
- **Tee:** Zitronensaft, Seifenlauge oder Zahnpasta.
- **Teer:** Siehe Asphalt.
- **Tinte** mit reinem Zitronensaft oder Essigwasser behandeln.
- **Wachs:** mit Messerrücken abkratzen, mit Löschpapier ausbügeln (Papier immer wieder verschieben).
- **Schuhcrème** zuerst mit Messerücken abschaben und mit Gallseife einreiben.

- **Weisswein** sofort mit warmem Wasser auswaschen, in Seifenlauge einlegen.
- **Wollstoffe** mit vielen Flecken über Nacht in 10 Liter Wasser und 500 g Salz einlegen, danach schonende Handwäsche.

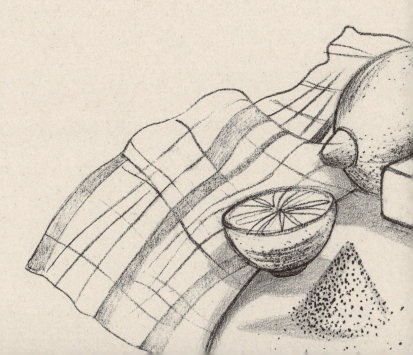

Abfallberge verhindern – eine zwingende Notwendigkeit

Immer wieder ist die Rede von den bedrohlich anwachsenden Abfallbergen. Unauffällig verschwinden rund 500 Kilo Müll pro Kopf und Jahr in Deponien, Kehrichtverbrennungsanlagen und Spezialsammelstellen. Sie alle stossen bereits oder demnächst an die Grenze ihrer Kapazität, und dennoch gibt es immer mehr Müll: Von einem Rückgang kann nicht die Rede sein. Die neue Linie in Abfall-Fachkreisen lässt jedoch auf eine Kehrtwende in den nächsten Jahren hoffen. Es wird vermehrt auf Reduktion und eine umweltgerechte Beseitigung gesetzt.

Verzicht auf alles, was nicht nötig ist.

Produkte kaufen, die wiederverwertet

oder umweltverträglich produziert

sowie beseitigt werden können und nicht

unnötig verpackt sind.

Der Abfall nimmt nicht nur an Volumen, sondern auch an Giftigkeit zu. Es ist eine beängstigende Begleiterscheinung unserer Wegwerfmentalität, dass kaum darüber gesprochen wird. Die Annahme, dass problematische Stoffe im Haushaltmüll dank den grossen Mengen an unbedenklichem Material «verdünnt» würden, hat sich überhaupt nicht bestätigt. Wenn jemand Batterien in den Kehrichtsack wirft und dieser irgendwo über längere Zeit liegen bleibt, laufen Quecksilber, Kadmium, Zink und Blei aus. Diese Stoffe sind hochgiftig. Die organischen Abfälle für die Grünabfuhr sind ebenfalls alles andere als harmlos. In Hausgärten werden viel Herbizide, Fungizide und Pestizide verwendet: Wer will schon gifthaltigen Kompost auf seine Beete bringen?

Gegensätzliche Tendenzen

Milchprodukte und Konserven werden von verschiedenen Herstellern in umweltfreundlicheren Verpackungen angeboten als noch vor kurzer Zeit. Mehrweggläser bei Joghurts, Ausschank von Offenmilch oder Pastmilch in der Rückgabeflasche sind an vielen Orten im Sortiment und verkaufen sich gut. In eine andere Richtung geht der Trend bei den Süssigkeiten. Sie liegen nicht selten sanft eingebettet in Styropor und in Kunststoffschälchen und sind erst noch mit bunten beschichteten Papieren umgeben. Augenfällig ist die unterschiedliche Verpackungsart von Bisquits. Einige Hersteller kommen mit einem einfachen Sack aus, andere verpacken ihre Produkte in Kunststoff, Wellkarton und darum herum kommt noch beschichtetes Papier. Viele Verpackungssünden sind auf hohe Qualitätsansprüche zurückzuführen, die sonst bei langen Lagerzeiten nicht mehr erfüllt werden können. Gewisse Rohmaterialien (Schokolade, Marzipan u. a.) verlieren im Feingebäck ihren Geschmack, wenn sie nicht ausreichend geschützt sind.
Die Hersteller haben die Singles entdeckt, die immer zahlreicher werden. Für sie gibt es Minipackungen, so z. B. bei der Marmelade. Neben den grossen Pfund- und Kilogläsern stehen 100 bis 200 Gramm-Schälchen oder -Töpfchen in den Regalen. Instantsuppen gibt es ebenfalls portionenweise zu kaufen. Fertiggerichte sind in der Plastikschale mit alubeschichtetem Deckel aromasicher eingeschlossen. Zuwachsraten bei den Weg-

werfboxen für Mikrowellengerichte sind der Branche sicher. In den USA sind schon dreiviertel der Haushalte mit den modernen Schnellöfen ausgestattet.

Unter dem Druck einer immer grösser werdenden Konsumentengruppe, die für weniger Verpackung plädiert, sind Grossverteiler dazu übergegangen, gewisse Produkte (Milch, Fleisch, Brot, Früchte usw.) sowohl im Offenverkauf als auch in aufwendiger Verpackung (Kunststoffolien usw.) anzubieten. Solange beide Varianten zufriedenstellenden Absatz finden, sind sie im Laden auch erhältlich. Beobachten Sie Markt und Angebote, und wählen Sie die umweltfreundlichere Alternative.

Vom Wissen zur Tat

Wir lesen und reden vom Müllberg, als ob er uns nichts anginge. Die vielen Meldungen in den Medien über Umweltbelastung rütteln uns kurz auf, beeinflussen unser Tun jedoch kaum. Sie sind meistens bald wieder vergessen. Anstatt Statistiken mit schwer vorstellbaren Mengenangaben zu lesen, stellen Sie zur Abwechslung einmal Ihren Kehrichtsack oder Mülleimer auf die Waage. Wieviele Kilo Abfall produzieren Sie? Vergessen Sie nicht, auch den Kompost, das Papier, das Glas und die Blechdosen, die sie hoffentlich schon getrennt sammeln, dazuzuzählen.

Einen Blick in den eigenen Abfallsack zu werfen ist aufschlussreich. Zum eigenen Erstaunen stösst man auf viel Verpackungsmaterial, es sei denn, man kaufe regelmässig im Bio-Laden ein. Die meisten Verpackungen sind unnötig. Wofür müssen sechs Äpfel in einem Karton liegen und mit Folie umgeben sein? Wir packen sie zu Hause ohnehin sofort aus. Die Produzenten kümmert das wenig: Bezahlen tun ohnehin die Konsumenten, angefangen bei den Herstellungskosten, über die Beseitigung bis hin zu den Umweltschäden, die wir, in welcher Form auch immer, in Kauf nehmen müssen.

Für mehr Abfall mehr Geld

Auch wenn die Kehrichtverbrennungsanlagen mit immer wirksameren Filtersystemen ausgestattet werden, geht noch zuviel Gift in die Luft. Die schadstoffreiche Schlacke aus den Brennöfen löst sich nicht in Luft auf, sondern braucht einen speziellen Lagerplatz. Die Filterstäbe von hochwirksamen Rauchgasreinigungsanlagen landen, gewaschen und in Zement gebunden, ebenfalls in Deponien. Dort bleiben sie vorläufig liegen, weil niemand weiss, was weiter mit ihnen geschehen soll. Es mangelt an Platz für die Lagerung von Abfällen, und die meisten Kehrichtverbrennungsanlagen laufen auf vollen Touren. Da helfen keine verbesserten technischen Verfahren weiter, sondern nur eine Senkung der Riesenmengen. Erfahrungsgemäss sinkt der Abfallberg relativ rasch, wenn über Kehrichtsackgebühren die grossen Müllverursacher direkt zur Kasse gebeten werden. Es ist erstaunlich, wieviele Leute den Zwang von aussen brauchen, um Papier, Karton, Glas, Metalle, Textilien und kompostierbares Material getrennt vom Hausmüll zu sammeln. Die Sparsamen werden mit der Kehrichtsackgebühr direkt belohnt, und davon profitiert auch die Umwelt. Die «Aktion Saubere Schweiz» hat errechnet, dass bei konsequenter Trennung des Hauskehrichts die Müllabfuhr um 50 Prozent zurückgehen würde.

Einkauf ist nicht gleich Einkauf

Wer sich immer beim Grossverteiler mit Waren ein-
deckt, gewöhnt sich vermutlich an die Verpackungsflut.
Der nachfolgende Vergleich zwischen Supermarkt und
Bio-Laden zeigt: Bei gleicher Warenmenge tragen wir
aus dem Supermarkt viel mehr Verpackungsmaterial als
aus dem Bio-Laden nach Hause. Die nachfolgenden
Beispiele sind frei zusammengestellt.

Im Supermarkt: Der Weg vom Wagendepot, den
Warengestellen entlang, führt an vielen verlockenden
Sonderangeboten vorbei. Wer nicht standfest ist,
bringt so manches mehr nach Hause als nötig!
In der Getränkeabteilung stehen viele Mehrwegflaschen, aber auch Aluminium-Dosen, Tetra-Packungen, einzeln oder zu zehnt, in Folie eingeschweisst. Das
Gemüse ist gut geschützt: viel Polyethylen (Säcke für
Karotten, Kartoffeln, Salat, Gurken usw.), Polystyrolbek-
ken (Pfirsiche, Tomaten). Joghurt ist noch nicht im Mehr-
wegglas zu haben. Im Kühlabteil stehen Polystyrol-
becher, Tetra-Packungen, Käseschachteln aus Karton
und in viel Polystyrolfolie verpackter Käse. Die Seifen
sind zum Teil in PVC-Schalen eingepackt. Duschschaum gibt es zum Spottpreis: «zwei für drei», Polyethylenflaschen, bunt bedruckt und zusammenge-
schweisst, warten auf Käuferinnen. In der Körper-
pflege- und Kosmetik-Abteilung dominieren aufwendige Verpackungen für kleine Parfümfläschchen und
Polyethylengebinde für Lotionen, Wässerchen und
Spraydosen. Bei den Waschmitteln ist ein wirklich
umweltfreundliches nicht erhältlich. Alle sind zwar mit
den Prädikaten «Bio» oder «natürlich» versehen, die
Warendeklaration in kleinster Schrift spricht aber eine
andere Sprache: NTA, LAS, Bleichmittel, Enthärter, optische Aufheller u. a. m. Vollwaschmittel sind «in», das ist

am bequemsten. Verpackt sind die meisten in Karton-schachteln oder in Polyethylenflaschen abgefüllt (Flüs-sigwaschmittel). Bei den Kassen stapeln sich die obli-gaten Zuckerwaren, in bunte Papiere verpackt. Wer keine Tasche hat, bekommt für wenig Geld die gewünschte Menge aus Plastic.

Im Bio-Laden: An Getränken gibt es nur Apfelsaft und Sirup in Pfandflaschen. Das Gemüse steht in offenen Holzkisten bereit und wird in Papiersäcke gefüllt. Jog-hurts sind nur in Pfandgläsern zu haben. Milch ist in Pfandflaschen abgefüllt. Der Käse wird nach Mass abgeschnitten und in Papier gewickelt. Duschschaum gibt es gar nicht, dafür eine in Papier gewickelte Seife. Shampoo ist in farblose, unbedruckte und nachfüllbare Polyethylenflaschen abgefüllt. Ein Waschmittel auf Sei-fenbasis (Kartonschachtel/ Polyethylensack) und Sei-fenflocken (Papiersack) sowie Zeolith-Enthärter (beschichtete Kartonbüchse) werden verkauft. Neben der Kasse liegt ein Körbchen mit Rosinen- und Sesam-brötchen, die erst beim Kauf in Papier gewickelt wer-den. Wer keine Tasche hat, bekommt eine alte Papier- oder Plastiktasche aus dem Vorrat, der von Kundinnen gespiesen wird.

Tips von A–Z

• **Abfall** wenn immer möglich vermeiden. Auf unnötige Verpackungen verzichten.
• **Abfallsäcke** aus Reycling-Produktion kaufen.
• **Altöl** in die Sammelstelle bringen (Seite 83).
• **Altpapier** bündeln und in die Sammlung geben (Seite 87).
• **Aluminium:** Aluverpackte Produkte am besten nicht

kaufen, ansonsten sammeln und zur Sammelstelle bringen (Seite 83).

• **Backwaren** erhält man beim Bäcker oder im Bio-Laden im Papiersack.

• **Batterien** gehören nicht in den Hauskehricht (Seiten 32–37).

• **Brockenhäuser** nehmen alte, noch brauchbare Gegenstände entgegen und bieten auch viele Dinge des täglichen Bedarfs an.

• **Brot:** siehe Backwaren.

- **Chemikalien** nie in den Abfluss leeren oder zum Hauskehricht geben (Seite 83).
- **Dosen** nur kaufen, wenn keine Alternative vorhanden ist. Entsorgung (Seite 84).
- **Einwegflaschen** gehören in den Altglascontainer. Mehrwegflaschen sind immer besser!
- **Flicken** ist besser als wegwerfen oder etwas Neues kaufen.
- **Flohmarkt:** Dort kann man Sachen, die man nicht mehr braucht, weiterverkaufen.
- **Gartenabfälle** kompostieren.
- **Geräte:** Beim Kauf nach Reparaturservice, Energieverbrauch (Betrieb und Herstellung), Rohstoffen, Langlebigkeit fragen. Nicht reparierbare Geräte in eine Recycling-Werkstatt bringen.
- **Getränke** wenn immer möglich in Mehrwegflaschen kaufen.
- **Kanalisation:** Nicht ins WC oder Lavabo, sondern in den Kehrichtsack gehören Wattestäbchen, Windeln, Tampons und andere feste Abfallstoffe sowie Bratöl (Giftsammelstelle).
- **Karton:** Siehe Seite 84.
- **Küchenabfälle:** Siehe Seite 85.
- **Medikamente** in die Apotheke zurückbringen. Kleine Packungen kaufen.
- **Mehrweg-Gläser:** In Mehrweg-Gläsern gibt es mittlerweile Joghurt, Quark, Milch.
- **Milch** gibt es wieder vermehrt im ökologisch sinnvollen Offenausschank.
- **Papierbrikkets** verursachen bei der Verbrennung eine starke Luftverschmutzung.
- **Papierflut eindämmen:** Am Briefkasten Kleber anbringen, dass keine Reklameschriften gewünscht werden. Einseitig beschriftetes Papier als Notizzettel verwenden. Zeitungen zusammen mit Nachbarn abon-

nieren. Zeitschriften, Vereinsblätter usw., die wir kaum lesen, abbestellen.

- **Pestizide** sind in einem Haushalt nicht notwendig (Seiten 38–47).
- **Plastiktaschen** ersetzen durch Korb, Jute-, Stoff- oder Nylon-Einkaufstaschen. Immer eine Reservetasche zum Einkauf mitnehmen.
- **Putzmittel** in Mehrweggebinde kaufen.
- **Schuhe:** Suchen Sie einen Schuhmacher, der Ihre Schuhe sachkundig flickt, damit Sie sie austragen können.
- **Second-Hand-Läden** nehmen gerne gut erhaltene Kleider entgegen und bieten originelle Waren an.
- **Shampoo** gibt es in der Drogerie oder im Bio-Laden in Nachfüllflaschen zu kaufen.
- **Sondermüll** fällt im Haushalt unter anderem in Form von Lösungsmitteln, Giften, Chemikalien, Säuren, Thermometern (Quecksilber), Neonröhren, Leuchtstofflampen, Fotobädern, Lacken und Farben an. Wenn Sie nicht wissen, wohin damit, fragen Sie in der Verkaufsstelle oder auf der Gemeindeverwaltung.
- **Spielsachen:** Kaufen Sie keine Spielsachen mit Batterien oder aus Plastik. Achten Sie auf Langlebigkeit. Spielsachen können übrigens in Ludotheken für wenig Geld ausgeliehen werden.
- **Spraydosen** enthalten zum Teil als Treibmittel immer noch Fluorkohlenwasserstoffe. Ersatzstoffe sind nach neuesten Meldungen auch nicht unbedenklich. Kaufen Sie keine solche Ware. Die Alternative: Nach gleichwertigen Fest- und Flüssigprodukten fragen. Treibgasfreie Pumpensprüher verlangen.

• **Symbole:** Auf Verpackungen sind zum Teil bereits Symbole aufgedruckt, aus denen die bestmögliche Entsorgung ersichtlich ist.

 Kehrichtabfuhr

 Sondermüll: Auf keinen Fall in den Kehrichtsack.

 Gehört nicht in die Kanalisation

 Für Wiederverwertung sammeln

 Kompostierbares Material

• **Taschenlampen:** Es gibt Modelle, die keine Batterie brauchen, sondern von Hand betrieben werden (WWF und Spezialgeschäfte).
• **Tierkadaver:** Schlachthof oder Gemeindeverwaltung anfragen.
• **Verpackungen:** Auf unnötige Verpackungen verzichten.

Handeln, statt sich ärgern

Durch den **Boykott** bestimmter Produkte und durch gezielten Einkauf umweltfreundlicher Waren zwingen wir die Industrie, sich den veränderten Kaufwünschen anzupassen.

– Verlangen Sie mit Nachdruck Produkte, die nicht unnötig verpackt sind. Lassen Sie die verantwortlichen Leute (Verkaufspersonal, Ladenleitung) wissen, dass Sie wegen den unsinnigen Hüllen genau diese Ware an einem anderen Ort einkaufen werden.

– Geht man auf Ihre Einkaufswünsche nicht ein, teilen Sie dies der Verkaufsleitung schriftlich mit. Erklären Sie, weshalb Sie auf unnötige Verpackungen verzichten wollen.

Umweltgerecht Entsorgen beginnt beim überlegten Einkaufen

Versuchen Sie einmal eine ganze Woche lang alle Abfälle, die in Ihrem Haushalt anfallen, getrennt zu sammeln. Gross ist der Aufwand, wenn Sie all die Materialien, wie Karton, Papier, Schrumpffolie, Blisterpackungen, Plastik, farbige PVC-Gebinde, Glas, Blech, Alu, Batterien, Tetrapackungen, Leuchtstoffröhren, PET-Flaschen, Altöl, Grünabfälle und was sonst noch anfällt, gesondert der Wiederverwertung, Verbrennung oder Lagerung in einer Sonderdeponie zuführen müssten.

Je mehr verschiedenartige Materialien im Abfall landen, desto schwieriger wird dessen umweltgerechte Entsorgung oder Wiederverwertung.

Laufend entstehen neue Substanzen. Der Markt wird mit ihnen regelrecht überschwemmt. Bei der Entwicklung von neuen Produkten und Stoffen sollten die Hersteller-Firmen im Sinne des Verursacherprinzips die volle Verantwortung für ihre Ware über den Verkauf hinaus bis hin zur Entsorgung übernehmen müssen. Giftige oder energieintensive Waren kämen entsprechend teuer zu stehen und würden wegen ungenügender Rentabilität gar nicht erst produziert. Das sind vorläufig nur Zukunftsvisionen: Die Zeit verstreicht, und auf politischer Ebene geschieht (noch) nicht viel, jedenfalls zu wenig in Anbetracht des verschwenderischen Umganges mit nicht erneuerbaren Rohstoffen, der Energieverschwendung und der steigenden Umweltbelastung.

Lange Lebensdauer

Aus ökologischer Sicht sind Waren zu bevorzugen, die ohne weitere Verarbeitung eine lange Lebensdauer versprechen. Defekte Haushaltsgeräte, Spielsachen, Möbel usw. zu flicken, ist vielleicht nicht mehr zeitgemäss, dafür sehr sinnvoll und kann erst noch Spass machen. Es ist unbegreiflich, dass ein neuwertiger Puppenwagen zu Schrott wird, nur weil ihm ein Rad fehlt, das mit Leichtigkeit zu ersetzen wäre. Bei Kleidung und Schuhen sorgen ständig wechselnde Modetrends für sinnlose Verschwendung. In der Elektronikbranche verursachen Neuentwicklungen rasch wachsende Abfallberge.

Wer sich aus irgendeinem Grund von noch brauchbaren Gegenständen trennen will, sollte sie nicht einfach in den Müll werfen, sondern ins Brockenhaus, in den Second-Hand-Laden, in die Kleiderbörse, Antiquariate oder Flohmärkte bringen. Ein abgeändertes und sogar mit neuen Knöpfen versehenes Kleidungsstück braucht weniger Energie und Rohstoffe als neue Bekleidung.

Grenzen des Recycling

Eine weitere Möglichkeit, Abfall umweltgerecht zu entsorgen, ist die Wiederverwertung der Rohstoffe. Noch lange nicht alles, was in den Abfallsäcken landet, lässt sich allerdings in einem ökologisch und wirtschaftlich vernünftigen Verhältnis wieder in seine Bestandteile oder Rohstoffe zurückführen und neu verarbeiten. Ein Paradebeispiel sind die verschiedenen Kunststoffe. Als Konsumenten sind wir kaum in der Lage, die vielen verschiedenen Kunststoffarten sortenrein zu sammeln. Genau dies wäre aber notwendig, damit das aus Haushaltabfällen gewonnene Regranulat eine brauchbare Qualität aufweisen würde. Die Sortierung in den Wiederaufbereitungsanlagen ist sehr arbeitsintensiv. Sie macht das Verfahren unrentabel.

Auch dort, wo das Recycling funktioniert, darf es nicht zu unüberlegtem Konsum verführen. Wer viele Alu-

Dosen kauft, nur weil das Umwelt-Gewissen mit Leichtigkeit am Container entlastet werden kann, handelt unüberlegt.

Ein weiterer wichtiger Punkt: Recycling ist nur dann sinnvoll und rentabel, wenn die neu-alten Produkte Absatz finden.

Wenn alle oben aufgeführten Wiederverwertungswege nicht möglich sind, bleibt noch das Verbrennen des Kehrichts in Anlagen mit Energierückgewinnung.

Tips von A–Z

• **Altöl** gehört in die Spezialsammelstelle und nicht in den Kehrichtsack. Häufig nehmen auch die Händler oder Garagen das Altöl zurück. Ein Liter Öl kann Hunderte von Litern Grundwasser verseuchen!

• **Aluminium** kann nur bedingt wiederverwertet werden. Viele Produkte sind zusätzlich mit Kunststoff oder anderen Materialien beschichtet. Als Folge ist die Rohstoffqualität schlecht. Obwohl das Alu-Sammeln trotz allen Nachteilen sinnvoll ist, sollten Sie auf Wegwerfprodukte (Teller, Folie usw.) aus Aluminium grundsätzlich verzichten. Nur reines Aluminium in die Sammelstelle bringen. Schmutzige Gegenstände nur kalt abspülen oder im Abwaschwasser reinigen, sonst wird der Öko-Bonus immer kleiner!

• **Asbest-Produkte** in eine Spezialdeponie bringen (Gemeindeverwaltung anfragen).

• **Batterien:** siehe Seiten 32–37, 74.

• **Chemikalien:** Grössere Mengen (Fotochemie u. a.) bei Spezialfirmen abgeben (Lieferanten fragen). Kleinere Mengen wieder zum Detailhändler zurückbringen oder in die Giftsammelstellen bringen. **Entfernen Sie die Originaletiketten nicht, oder schreiben Sie den**

Inhalt gut leserlich auf das Gebinde. Giessen Sie auf keinen Fall verschiedene Chemikalien wahllos zusammen.

• **Elektronische Geräte:** Stereo-Anlagen, Computer, Kopiergeräte usw. dem Händler zurückbringen oder bei ihm um Rat fragen. Noch funktionierende Geräte im Bekanntenkreis oder an Bastler verschenken (Brockenhaus, Flohmarkt).

• **Eternit:** Siehe Asbest.

• **Glas:** Die Energie-, Rohstoff- und Wassereinsparung bei der Verarbeitung von Altglasscherben macht das Sammeln sinnvoll. Trotzdem sollten Sie nur dann Einweggebinde aus Glas wählen, wenn nichts anderes erhältlich ist. Senf- oder Konservengläser können sehr gut als Einmachgläser verwendet werden. Bei Getränken Pfandflaschen in jedem Fall vorziehen.

• **Karton** gehört in die Altpapiersammlung, kann aber auch in Stücke zerrissen als Zwischenlage auf den Kompost gegeben werden.

• **Kehrichtsackgebühr:** Untersützen Sie Initiativen zur Einführung der Kehrichtsackgebühr. Erfahrungsgemäss nimmt das Abfallvolumen ab, wenn die Säcke teurer sind.

• **Kleider:** Gut erhaltene Ware findet in Second-Hand-Läden neue Besitzer. Alte Stoffe in Streifen reissen und Flickenteppiche weben. Aus Baumwoll- und Wollstoffen gibt es gut brauchbare Putzlappen.

• **Konservendosen:** Die Rohstoffe Eisen und Zinn lassen sich aus Weissblech problemlos zurückgewinnen. Im Vergleich zur Neuproduktion können bei der Wiederverwertung die Luftschadstoffe um 30 Prozent gesenkt werden. Die gereinigten Dosen (im gebrauchten Abwaschwasser reinigen oder nur kalt ausspülen, Papier entfernen) in die Sammelcontainer werfen.

Der Natur abgeschaut

Die Natur produziert keinen unverwertbaren Abfall. Ein grosser Teil (ca. ⅓) der Haushaltabfälle besteht aus organischer Substanz. Sie gehören nicht in die Kehrichtverbrennung, sondern auf den **Kompost.** Wenn sie keinen eigenen Garten haben, sprechen Sie mit der Hausverwaltung oder den Gemeindebehörden. In vielen Siedlungen stehen bereits Kompostdeponien, die von den Bewohnern gemeinsam unterhalten und gepflegt werden. Sollte dies bei Ihnen nicht möglich sein, gibt es im Handel Hauskomposter, mit denen auf dem Balkon oder im Keller die organischen Abfälle zu feiner Komposterde umgewandelt werden können. Der Arbeitsaufwand: Abfälle verkleinern und dreimal pro Woche mit Komposterde überdecken, zwischendurch etwas Steinmehl (Bindemittel bei feuchtem Kompostiergut, wie Speiseresten usw.) darüberstreuen. Selbsthergestellte Komposterde kann in der Wohnung zum Umtopfen, zum Ansäen von Kresse und Kräutern verwendet oder an Freunde verschenkt werden.
Wenn alle oben aufgeführten Möglichkeiten nicht realisierbar sind: Machen sie in ihrer Wohngemeinde zusammen mit Gleichgesinnten einen Vorstoss, damit wöchentliche Grünabfuhren organisert werden.

• **Kunststoffabfälle** lassen sich problemlos wiederverwerten, wenn sie sortenrein gesammelt werden (Abfälle von Neuproduktion). Im Haushalt fallen zu viele verschiedene Kunststoffarten an. Eine Neuverarbeitung lohnt sich der schlechten Qualität wegen nicht. Das Material kommt lediglich für Kehrichtsäcke, Baumaterial u. a. infrage.

- **Lack- und Farbresten** in die Verkaufsläden oder in die Giftsammelstelle bringen.
- **Leuchtstoffröhren** in den Laden zurückbringen. Sie werden nicht immer zurückgenommen: ein Versuch schadet nichts.
- **Lösungsmittel** in die Giftsammelstelle bringen. Grössere Mengen bei spezialisierten Entsorgungsunternehmen abgeben (Lieferanten fragen).

- **Medikamente** in die Apotheke zurückbringen. Ungebrauchte Packungen nicht aufreissen.
- **Organische Abfälle** gehören nicht in die Kehrichtverbrennung, sondern auf den Kompost (siehe Kasten der Natur abgeschaut Seite 85).

• **Papier** sammeln ist ein wichtiger Beitrag zum Umweltschutz. Zur Herstellung der gräulichen und beigen Produkte braucht es zirka 250 Liter weniger Wasser pro Kilogramm Papier als für die herkömmliche Produktion von weisser Qualität. Weitere Vorteile: Geringere Umweltbelastung (Abwasser), Rohstoffeinsparung, Vermeidung von Müllbergen usw. **Sammeln Sie aber nicht nur Altpapier, sondern geben Sie auf allen Gebieten den Recycling-Produkten den Vorzug.** Besonders erwähnenswert ist «isofloc», ein neues, mit Borsalz imprägniertes (brennt nicht) Isolationsmaterial, das vorwiegend aus Altpapier besteht.

• **Pneus:** Aufgummieren ist umweltfreundlicher als neue kaufen.

• **Sortieren von Abfall:** Besorgen Sie sich geeignete Behälter oder einen festen Platz für Kompost, Glas, Papier, Dosen, Textilien, Batterien und Sondermüll. Wenn Abfall zu lange herumsteht, besteht die Gefahr, dass er im Kehrichtsack landet.

• **Thermometer:** In die Apotheke oder Drogerie zurückbringen. Sie werden dort allerdings nicht immer mit Begeisterung angenommen.

• **Wegwerfartikel:** Nicht rezyklierbare Wegwerfartikel (Kunststoff) nicht verwenden.

Mit einfachen Körperpflegemitteln bleiben Haut und Haare vital

Das richtige Deo unter die Achseln gerollt oder gesprayt und ein luftiger Wirbelwind entführt einem – selbstverständlich selig lächelnd – in die Arme eines gut aussehenden Mannes. Solche Bilder liefert uns die Werbung mit hartnäckiger Regelmässigkeit immer wieder. Wer soll da nicht schwach werden und bei kleinsten Anzeichen von Schweissgeruch rasch zum erlösenden Roller greifen? Wer seinen Körper richtig und umfassend pflegt, braucht sich laut Werbung nicht mehr mit den Widrigkeiten des Lebens auseinanderzusetzen: Sonnenschein und nette Menschen sind dann stets zur Stelle.

Wasser, Seife und Waschlappen schaden der

Haut und unserer Umwelt am wenigsten.

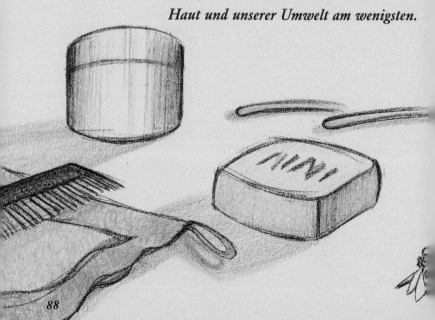

Grundsätzlich hat jeder Mensch ein Bedürfnis nach einer ihm entsprechenden Sauberkeit. Wie diese im Einzelfall aussieht, ist von Mensch zu Mensch verschieden. Kinder sind noch unbelastet: Lässt man sie einfach wirken, scheint es ihnen im Dreck richtig wohl zu sein. Darüber sind viele Eltern entsetzt und vertrauen nicht darauf, dass sich die Kleinen mit der Zeit von sich aus an bestimmte Sauberkeitsregeln halten. Ich habe schon beobachtet, wie Eltern, mit Feuchtigkeitstüchlein ausgerüstet, kein Körnchen Sand länger als einige Minuten auf den Wangen ihres Nachwuchses haften liessen. Dies, obwohl der Kleinere nach jedem Wisch kurz weinte und das grössere Geschwister laut reklamierte. Die Reaktion der Kinder auf das elterliche Verhalten steigerte sich, sie bewarfen sich gegenseitig absichtlich mit Sand. Beim Beobachten des Geschehens erinnerte ich mich an die Worte eines Körperpflegemittel-Herstellers, die er anlässlich einer Tagung zum besten gab: «Wer seinen Körper täglich tüchtig einschäumt, schrubbt, desodoriert, salbt und parfümiert, bringt gleichzeitig sein Innenleben in Ordnung.» Diese Reinigungsprozedur bedeute, dass man sich ernst nehme und möge. Eine andere Auslegung dieses modernen Reinigungsrituals könnte so lauten: Was für Unangenehmes muss wohl ein solcher Mensch täglich von sich rubbeln? Warum muss er seinen Körpergeruch verbannen und nachher die der eigenen Schutzschicht beraubte Haut mit Crème einstreichen und sich zuletzt ganz mit Parfüm einnebeln, so, dass er nicht mehr sich selber ist?

Wieviel Körperpflege ein erwachsener Mensch braucht, ist sehr individuell. Bedenklich ist, wenn peinliche äussere Reinlichkeit und die Verwendung von Deodorants und anderen Präparaten zum Diktat werden.

Unsere Haut braucht keine Wundermittel

Grundsätzlich sollten wir Körperpflege nicht verwechseln mit Kosmetik oder ewiger Jugend. Diese Grenze ist heute mehr denn je verwischt: Dekoration und Verschönerung haben jedoch nichts zu tun mit Sauberkeit.
Die Hautschicht, Epidermis, wird von lebenden Zellen, einer Hornschicht und den abgestorbenen verhornten Zellen, die von Zeit zu Zeit abgestossen werden, gebildet. Die Nährstoffe bezieht die Haut aus dem Inneren, erneuert sie sich doch von innen nach aussen. Crèmes und Salben können daher die Haut nur schützen, nähren tun sie kaum, obwohl dies immer wieder behauptet wird. Was sie tun, ist sichtbar etwas verändern. Ein Beispiel dazu: Die sogenannten Antifaltencrèmes verkleben die Hautfalten oberflächlich, füllen sie aus und lassen die Haut dadurch in der Tat ebenmässiger erscheinen. Wer viel Geld für eine optische Täuschung ausgeben will, darf dies selbstverständlich tun. Die Hersteller sollten allerdings zu diesem Sachverhalt stehen.
Beinahe auf allen Gebieten der Körperpflege wird mittels Werbung massiv übertrieben. Obwohl sich Zahnmediziner längst einig sind, dass Zahnpasten nur gering die Entwicklung von Karies, Zahnfleischschwund usw. beeinflussen können, versprechen die meisten Hersteller wahre Wunder.
Ein weiterer bedenklicher Punkt ist der Umweltschutz. Wohl sind nach und nach Formaldehyd, Dioxin u. a. hochgiftige Substanzen ersetzt worden. Wie diese neuen, oft unbekannten Stoffe langfristig reagieren und ob sie unschädlich sind, ist unklar.
Nach wie vor jedoch leuchten die Shampoo-Einwegflaschen in bunten Farben, stecken Zahnpastatuben in einer unnötigen Kartonverpackung, oder Produkte sind

ohne ersichtlichen Grund mit Folie umwickelt usw. Erstaunlich ist, dass sich nicht mehr Konsumentinnen gegen diesen Unsinn wehren. Opposition machen, das heisst: Mehrweggebinde verlangen, den Gang in die Drogerie oder in den Bio-Laden nicht scheuen. – Bei solchem Verhalten liesse die Reaktion seitens der Hersteller nicht lange auf sich warten.

Tips von A–Z

• **Abschminken:** Einen Wattebausch in kaltgepresstem Olivenöl tränken (Säuregrad höchstens 0,5%) und einige Tropfen Zitronensaft daraufgeben. Das Gesicht mit lauwarmem Wasser waschen.

• **Antitranspirants** stoppen die Transpiration, indem die Aluminiumsalze die Schweissdrüsen-Ausgänge verengen. Der Schweiss staut sich im Körper, was kaum gesund sein dürfte.

• **Ätherische Öle** werden durch Destillation von Pflanzen gewonnen. Sie können in grossen Mengen die Haut reizen.

• **Deodorants** sorgen den ganzen Tag hindurch für einwandfreien Geruch. Sind sie mit dem Prädikat «antibakteriell» versehen, kommen zu den Oxidationsstoffen, Adsorptionsmittel, Metallseifen, Zinkcrineolat usw. noch Desinfektionsmittel, damit die harmlosen Bakterien, die für die Zersetzung des Schweisses sorgen – also nützlich sind – abgetötet werden und synthetische Düfte unsere Hausmarke überdecken. Weitaus haut- und bakterienfreundlicher sind Teeaufgüsse von Kamille, Thymian oder Rosmarin, mit denen die Achselpartien ein oder mehrere Male täglich abgewaschen werden. Für unterwegs gibt es in den Drogerien und

10

Reformhäusern hautfreundliche einfache Lotionen, die teilweise in Nachfüllfläschchen zu haben sind.

• **Duschgel/Flüssigseife** sollen die herkömmliche Toilettenseife ersetzen. Von dieser Umstellung profitieren nur die Hersteller: Seife ist viel ergiebiger als die dickflüssigen Neulinge. Zudem enthalten Duschgels Lösungs- und Konservierungsmittel sowie hohe Mengen an Parfümstoffen. Verpackt sind sie auch in aufwendige farbige Einweg-Kunststoffgebinde.

• **Gesichtsmasken:** Eine gute Reinigung der Haut erzielen wir mit feingeschroteten Leinsamen, Weizenkleie (1:1) und wenig Wasser. Mit diesen Zutaten wird direkt in der Hand ein dicker Brei angerührt, mit kreisenden Bewegungen auf das sauber gereinigte Gesicht aufgetragen und danach lauwarm abgewaschen.

• **Haarpflege:** Lassen Sie sich nicht von irgendwelchen Namen verführen, und prüfen Sie, was in den Shampoos, die Sie jeweils kaufen, enthalten ist. Meiden Sie stark parfümierte Produkte und solche, die Amonoxid, Fettalkoholsulfat (Nitrosaminebildung) sowie Natriumlaurylsulfat (Hautreizungen), Ethersulfat und Isothiazolon (häufig Ersatz für Formaldehyd, jedoch z. T. ähnliche Wirkung, u. a. Erhöhung v. Allergien) enthalten. Die Aufzählung der zu meidenden Stoffe ist unvollständig. Einfache Shampoos, ohne unnötige Zusatzstoffe, erhalten Sie in der Drogerie, im Bio-Laden oder im Reformhaus.

• **Handcrème** kann Allergien auslösen. Auch hier möglichst einfache Produkte wählen ohne starke Parfümierung und viele andere unbekannte Substanzen. An sich genügt ein Gemisch aus Vaseline, Kakaobutter und Zitronenöl o. ä.

• **Körpermilch** fettet ausgetrocknete Haut. Einfache Produkte in möglichst grossen Gebinden wählen.

• **Lippenpflege** ist mit der folgenden Mischung ganz

einfach: 5 g weissen Wachs, 5 g Kakobutter und 10 g süsses Mandelöl. Wenn Sie dies nicht selber mischen wollen, tut es bestimmt Ihre Drogerie für wenig Geld.
• **Nägel** brauchen an sich keine besondere Pflege. Sind sie rissig und spröd, ist dies meistens auf eine nicht ausgewogene Ernährung zurückzuführen.

• **Naturkosmetik** ist leider zu einem Allgemeinausdruck geworden. Unter diesen Begriff fallen streng genommen alle Produkte, die nur unveränderte Naturprodukte und biologisch abbaubare ungiftige Substanzen enthalten sowie keine Spuren von Fungiziden oder Pestiziden aufweisen. Tierversuche sind bei Naturkosmetika nicht toleriert und auch gar nicht nötig, weil entweder die Inhaltsstoffe bereits bekannt sind oder an freiwilligen Menschen ausprobiert wurden.

• **Parfüm:** Duftstoffe werden aus Kostengründen künstlich hergestellt und mit Ethanol (Alkohl) gelöst zu Parfüm verarbeitet. Viele Menschen reagieren darauf mit Allergien, Ekzem und Hautausschlägen.
• **Rasierschaum** in der Tube ist den Produkten in Schaum-Dosen vorzuziehen.
• **Schaumbäder** berauben uns beinahe aller hauteigenen Fette. Um diese zu ersetzen, werden vielen Produkten Öle oder fettähnliche Substanzen beigemischt.
• **Seife** braucht für eine normale Waschwirkung weder Deowirkstoffe, synthetische Farbstoffe, optische Aufheller noch Konservierungsstoffe. Schliesslich wollen wir doch nicht mit allen möglichen chemischen Tricks unsere Haut auslaugen. Für trockene Haut eignet sich eine Seife mit Ölzusatz, empfindliche Haut wird am

besten mit alkalifreier Seife gereinigt. Wählen Sie ein einfaches Produkt ohne aufwendige Verpackung.

• **Schuppen-Shampoos** halten oft nicht, was sie versprechen. Schnellkuren gegen die lästigen weissen Dinger führen nach einer ersten Besserung oft zu Überproduktion. Es lohnt sich, auf schnelle Erfolge zu verzichten und vorerst ein mildes Shampoo auszuprobieren oder ärztlichen Rat einzuholen.

• **Shampoo:** siehe Haarpflege.

• **Sonnenschutzmittel** kamen in den Siebzigerjahren erst richtig auf den Markt. Heute bieten beinahe alle Hersteller verschiedene Präparate mit unterschiedlichen Lichtschutzfaktoren an. Sie bringen nicht nur makelloses Braun in der gewünschten Tönung, sondern auch Flecken und Allergien. Beim Gebrauch von Sonnenschutzmitteln wechseln Sie hin und wieder zu einem Produkt mit anderen Inhaltsstoffen, damit Allergie-Sensibilisierungen gar nicht erst aufkommen. Es würde zu weit führen, auf die mögliche Giftigkeit aller Inhaltsstoffe einzugehen. Wenn Sonnencrèmes aber nach Sandelholz oder Moschus riechen, ist darauf zu verzichten. Diese Duftstoffe können unter Lichteinfluss giftig wirken. Als Alternative: Schatten aufsuchen, anstatt an der Sonne seinen Körper zu grillieren. In der Drogerie oder im Bio-Laden nach einfachen Sonnenschutzmitteln fragen. Versuchen Sie es vielleicht einmal mit Sesam- oder Avocadoöl.

• **Spraydosen:** Körperpflegemittel in Spraydosen sollten gar nicht mehr erst gekauft werden, damit sie endlich von den Verkaufsregalen verschwinden.

• **Tierversuche:** An unzähligen Tieren werden in Versuchlabors auf grausame Art und Weise (ätzende Stoffe in die Augen geträufelt u. a. m.) neue Substanzen für die Körperpflege und Kosmetik ausprobiert, obwohl wir schon mehr als genug Produkte für jeden Hauttyp und jede nur erdenkliche Gelegenheit kaufen können. (siehe Naturkosmetik)

• **Zahnpflege:** Gesunde Zähne brauchen eine ausgewogene Ernährung mit wenig Zuckerkonsum. Wichtiger als scharfe und schäumende Zahnpasten und -gelées ist eine gewissenhafte Reinigung mit Zahnbürste und Zahnseide. Kaufen Sie keine Zahnpasten mit Natriumlaurylsulfat (NLS), Formaldehyd, Bromchlorophen und Chlorhexidrin. Elektrische Zahnbürsten und Spüldüsen sind überflüssig. Bei manueller Reinigung spüren wir am besten, wieviel Druck das Zahnfleich erträgt. Beim Kauf von Zahnbürsten nach Produkten fragen, die einen auswechselbaren Bürstenteil haben (Abfallverminderung).

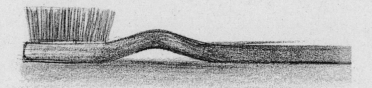

In Kleidern aus naturbelassenen Materialien fühlt man sich wohl

In den Auslagen von Kleidergeschäften ist meistens nur der Preis der Ware angegeben. Aus was für Materialien die Kleidungsstücke bestehen, erfährt man erst im Laden. Nach der Knitterfrei-Euphorie sind Naturmaterialien wieder mehr gefragt. Sie weisen jedoch längst nicht mehr die typischen Eigenschaften auf wie zu Grossmutters Zeiten. Mit wieviel und welchen Chemikalien Baumwolle, Leinen, Wolle und Seide jeweils vorbehandelt werden, weiss das Verkaufspersonal selten.

Naturbelassene Kleidung ist zwar etwas teuer, belohnt uns dafür mit einem hohen Tragkomfort, und die Umwelt profitiert mit.

Leider sind auf den Etiketten jeweils nur die textilen Fasern aufgelistet. Die unter dem Begriff Ausrüstung oder Veredlung verborgenen Substanzen können Formaldehydharz, quarternäre Ammoniumsalze (Weichmacher), Azorfarbstoffe usw. heissen. Sie sind alle als hautreizende Stoffe bekannt, werden aber weiterhin eingesetzt! Hautärzte raten bei Babykleidung bereits

dazu, die Sachen sechs oder sieben Mal vor dem ersten Tragen zu waschen, damit der Schadstoffgehalt verringert wird.

Bedenklich ist, dass Wollstoffe, die keine Superwash- oder sonstige schwerwiegende chemische Behandlung hinter sich haben, mit Lindan belastet sein können: Die Schafe werden an gewissen Orten immer noch mit diesem Gift von möglichen Schädlingen befreit. Wie wohl wir uns in solchen Kleidern fühlen können, ist klar. Immer mehr Menschen reagieren auf die chemische Überflutung mit Allergien: Schmerzhafte Ausschläge, Hautrötung, Übelkeit usw. Eine ausführliche Deklarationspflicht für Textilien ist überfällig. Alle Teile eines Kleidungsstücks, eines Schuhs (prozentualer Anteil) sowie die Art der Verarbeitung sollten aufgelistet sein.

Alternativen suchen

Chemiefasern sind langlebig, strapazierfähig und pflegeleicht. Was lag näher, als natürliche Materialien mit Synthetiks zu mischen und daraus Kleider zu machen mit den Prädikaten: Hoher Tragkomfort und lange Haltbarkeit. Die Rechnung geht jedoch nicht auf! Naturbelassene Baumwolle kann 21% Feuchtigkeit aufnehmen, Mischgewebe mit 30% Polyester nicht einmal ganze 15%. Als Folge nimmt die B'wolle zuviel Feuchtigkeit auf, wird nass und trocknet nur langsam: Wir beginnen zu frösteln, von Wohlfühlen ist keine Rede mehr. Auf Etiketten steht oft in grossen Lettern «Wolle» oder «Baumwolle» geschrieben. Im Kleingedruckten ist dann noch zu entziffern, dass 30% Polyamid oder andere synthetische Fasern mitverarbeitet wurden.
Warum Baumwolle und Leinen überhaupt mit fremden Fasern gemischt oder in energieaufwendigen Verfahren «edler» gemacht werden, ist unverständlich. Beide Naturfasern sind bekannt für Langlebigkeit. Das dies zutrifft, bezeugen alte Leintücher, die manchmal in der dritten Generation noch voll gebraucht werden und sogar den modernen Waschgewohnheiten trotzen.
Bei Kleidern gibt es noch keine gesetzlich anerkannte gültige Markenzeichen für Naturtextilien. Gewiss bemühen sich Firmen, die ihre Produkte so deklarieren, um möglichst unbehandelte Fasern. Häufig sind sie auf Angaben der Lieferanten angewiesen. Eine Überprüfung ist nur schwer möglich. Wenn sie trotzdem auf naturbelassene Bekleidung umstellen wollen, beginnen Sie am besten mit der zweiten Haut: Unterwäsche aus reinen Naturfasern (Wolle, Naturseide und Baumwolle) ist saugfähig und atmungsaktiv.
Am zuverlässigsten ist es, wenn die Stoffe von Herstellern kommen, die selber Schafe halten und die Fasern

bis zum Endprodukt verarbeiten. Wolle ist ohnehin selten so «edel» ausgerüstet wie Baumwolle. Ebenso ist Naturseide (Wildseide) wegen der geringen Nachfrage für die Hersteller weniger interessant. Baumwollsachen können vor dem Tragen sicherheitshalber mehrere Male mit umweltfreundlichen Waschmitteln oder Seife gewaschen werden. Bestehen Sie jedenfalls auf reiner Baumwolle, und lassen Sie sich nichts vormachen bezüglich den Vorteilen von Mischgewebe.

Die Qual der Wahl

Gute Kleidung, in der wir weder beim Sitzen frieren noch beim Einkaufen schwitzen, erhöht die geistige und körperliche Leistungsfähigkeit.

• **Weite Form:** In eng anliegenden Kleidern ist kein Platz für eine wärmende Luftschicht.
• **Vielseitig:** Ist man oft Temperaturschwankungen ausgesetzt (Büro, Haushalt, Einkauf, U-Bahn, Treppensteigen usw.), dann ist es ratsam, seine Bekleidung aus mehreren Hüllen (Kleidungsstücke) zusammenzusetzen: Eine Jacke an- oder ausziehen ist einfacher, als sich mit lästigen Schweissausbrüchen oder mit Frösteln abzuplagen.
• **Saugfähigkeit beachten:** Natürliche Materialien sind am saugfähigsten. Wolle saugt am meisten Feuchtigkeit auf und transportiert sie nach aussen. Beachten Sie, dass aufgeraute Fasern besser Wasser aufnehmen können als glatte, harte Oberflächen.

Tips von A–Z

• Antimikrobiell (Sanitized): Kaufen Sie keine Textilien oder Schuhe mit dieser Ausrüstung. Wie Bisphenole, Diphenylether, Antibiotika usw. in der Form eingesetzt wirken, ist noch unerforscht. Wenn damit jedoch Pilze und Bakterien am Überleben gehindert werden, bleibt der Mensch wohl kaum ganz verschont.

• Cellulosics: Künstliche Zellulosefasern werden aus Buche- und Fichtenholz sowie aus Baumwollabfällen gewonnen. Darum werden diese Stoffe häufig als Naturmaterial bezeichnet. Das Verkaufspersonal verschweigt oder weiss nicht, dass die Zellulose-Gewinnung ein aufwendiges chemisches Verfahren ist. Darum ist aus ökologischer Sicht der Begriff Naturmaterial nicht gerechtfertigt.

• Empfindliche Haut: Menschen mit empfindlicher Haut vertragen meistens Baumwolle am besten.

•Farben: Bekannt ist die Strumpffarben-Allergie. Bei Rötungen an den Oberschenkeln auf Perlon und Polyamid verzichten.

• Färben: Benutzen Sie keine Haushalt-Textilfarben. Diese Farbstoffe belasten das Abwasser sehr. Das Pulver kann beim Einatmen gesundheitsschädlich sein (von Kindern fernhalten).

• Kauf: Fragen Sie beim Kauf von Textilien (auch Meterware) nach der Rohmaterialzusammensetzung und der Behandlung. Kaufen Sie keine Kleider ohne Pflegeetikette, und bewahren Sie diese zusammen mit der Rechnung bis nach der ersten Wäsche auf, damit Sie allfällige Mängel noch beanstanden können. Verzichten Sie auf Alltagskleidung, die chemisch gereinigt werden muss. Besitzen Sie solche: nach der chemischen Behandlung gut lüften.

• Kinderarbeit: In Dritt-Welt-Ländern arbeiten kleine

Kinder tagelang an Maschinen, damit wir billige, modische Kleidung tragen können. In Dritt-Welt-Läden sind Kleider aus Entwicklungsländern erhältlich zu gerechten Preisen.

• **Kinderkleidung:** Gesunde Materialien sind wichtiger als modisches Aussehen. Nicht zu enge und unpraktische Sachen kaufen. Ob Sie Stoff- oder Wegwerfwindeln brauchen, ist Ihre Entscheidung. Ich selber frage mich immer wieder, wo das viele Plastik hingeht?

• **Knitterfrei:** Wer knitterfreie Baumwolle will, muss in Kauf nehmen, dass der «Veredlungsprozess» die Saugfähigkeit dieses Naturprodukts herabsetzt und die Langlebigkeit reduziert wird.

• **Leder** weist eine geringe Wasserdampfdurchlässigkeit auf: Nicht auf blosser Haut tragen. Verzichten Sie auf Produkte aus Krokodil- oder Reptilienleder.

• **Naturtextilien** sind Kleidungsstücke, die aus reinen, gefärbten Fasern tierischer oder pflanzlicher Herkunft stammen. Diese Stoffe sind nicht chemisch ausgerüstet, also nicht gegen Verfilzen (Superwash, Dekatur usw.), Motten, Schmutzaufnahme (Scotchgard, Antisoiling usw.), Mikroben, Knitterlosigkeit usw. behandelt worden. Auch Mercerisierung, Flammhemmung und Seidenbeschwerung (mit Schwermetallen) sind nicht nötig. Weiter sollten Naturkleider garantiert frei von Pestizid- und Herbizid-Rückständen sein.

• **Oberbekleidung:** Direkt auf der Haut sollten nur Naturfasern liegen. Mäntel, Jacken usw. können eher aus Mischgewebe sein. Weite Formen beugen Schweissstaus vor.

• **Pelz:** Gegen Kälte schützen Lammfell-Jacken und -mäntel bestens. Auf Pelze von wilden (Otter, Fuchs, Raubkatzen) oder eigens für die Fellgewinnung gezüchteten Tieren (Iltis, Nerz, Chinchilla usw.) ist zu verzichten.

11

- **Pflanzenfarben:** Chrom- und Kupfersalze sind sehr giftig. Alaun ist weniger gefährlich, ökologisch aber immer noch bedenklich.
- **Rohstoffe:** Das grosse Überangebot auf dem Bekleidungsmarkt trägt wesentlich zum Abbau nicht erneuerbarer Ressourcen bei.
- **Schuhe** nicht nur nach der Mode, sondern vor allem nach der Passform kaufen. Das Schuhwerk muss einen festen Halt an der Ferse gewährleisten. Schuhe mit Absätzen von mehr als 2–3 cm sind nicht über längere Zeit zu tragen. Der ganze Schuh sollte aus Leder sein. Auch bei Kinderschuhen auf Qualität achten. Produkte von Naturschuh-Herstellern (weniger Gifte) kaufen.
- **Schurwolle:** Unter der Markenbezeichnung «reine Schurwolle» werden die qualitativ hochwertigsten Stoffe verkauft.
- **Sportbekleidung** besteht meistens aus synthetischen Fasern. Unterwäsche aus Naturwolle, Naturseide sowie Baumwolle (je nach Sportart zwei Schichten) erhöhen den Tragkomfort. Bei doppelflächiger Maschenware auf die zweite Schicht verzichten. Weite Schnitte wählen. Wasserdichte Kleidung isoliert den Schweiss, wenn nicht genügend Lüftungsmöglichkeiten bestehen. Beim Kauf von Skijacken nicht nur auf das Ober-, sondern auch auf das Innen-Material achten.
- **Stoff:** Verlangen Sie Auskunft über die Ausrüstung. Fertigen Sie keine Kleider aus Vorhangstoffen oder Segeltuch an: Sie sind meistens mit giftigen Chemikalien behandelt.
- **Synthetische Fasern** sind zwar pflegeleicht, aber sie laden sich elektrostatisch auf. Das kann Nervösität und Schlafstörungen verursachen. Weichspüler bringen Abhilfe, belasten aber unverhältnismässig die Gewässer. Polyamid-Kunststoffarten, Perlon und Nylon lassen grösstenteils das UV-Licht durch. Die Haut hat zu wenig

textilen Sonnenschutz. Es wird vermutet, dass strahlungsbedingter Hautkrebs teilweise auch damit zusammenhängt.

• **Unterwäsche** sollte immer aus Naturfasern sein; Nicht zu eng anliegend tragen, damit noch genügend Luft zirkulieren kann (trägt wesentlich zum Tragkomfort bei).

• **Waschen:** Vor dem Tragen sollten alle neuen Kleidungsstücke gewaschen werden. Baumwollsachen bei ungenügender Deklaration sogar drei bis vier Mal waschen.

Baumwollzeichen

Mit dem internationalen Baumwollzeichen sind nur Textilien aus reiner Baumwolle gekennzeichnet. Es ist Eigentum der Association for International Cotton Emblem (AFICE) und darf nur von seinen Mitgliedern verwendet werden.

Seidenzeichen

Weniger bekannt ist das inernationale Seiden-Zeichen, das vom Europäischen Sekretariat für Seide herausgegeben wurde. Es kennzeichnet Textilien, die aus reiner Seide hergestellt sind.

REINE SCHURWOLLE

Wollsiegel

Das Wollsiegel wurde 1964 vom «Internationalen Woll-Sekretariat (IWS) «eingeführt. Es dient der Kennzeichnung reiner Schurwolle und wird nur mit Lizenz des Wollsiegel-Verbandes vergeben. Die Qualität und wichtige Gebrauchseigenschaften unterliegen den strengen Kontrollen dieses Verbandes.

12

Basteln und Werken
ohne Gift
ist immer noch möglich

Voller Konzentration setzen einige Kinder Kunststoffperle an Kunststoffperle zu einem Mosaik zusammen.
Das Werk muss noch von der einen Seite gebügelt werden, damit die Perlen zusammenkleben. Dabei entsteht
ein beissender Geruch, und alle Anwesenden im Raum
fangen an zu husten. Je nach Empfindlichkeit hält die
Reizung im Hals nur einige Tage oder über eine Woche
an. Aus was für Substanzen diese für Kinder über vier
Jahre angepriesenen Bastelartikel bestehen, war
weder im Laden noch beim Hersteller in Erfahrung zu
bringen.

Achten Sie beim Kauf von Bastel- und

Werkmaterialien auf die Zusammensetzung

der Produkte. Wenn keine Deklaration

vorhanden ist, auf die Ware verzichten.

Es ist auch bei Produkten mit einer ausführlichen Deklaration schwierig, die verschiedenen Stoffe einzustufen.
Erschreckend hohe Konzentrationen an Weichmachern, Schwermetallen in Farbpigmenten usw. sind
in Bastel- und Werkmaterialien schon festgestellt worden. Ein erster Hinweis auf Gefahr ist die Zuordnung zu
einer Giftklasse. Diese Bewertung bezieht sich jedoch
nicht auf die Umweltverträglichkeit, sondern nur auf die
Giftigkeit der Substanz, wenn sie von einem Menschen
eingenommen wird.

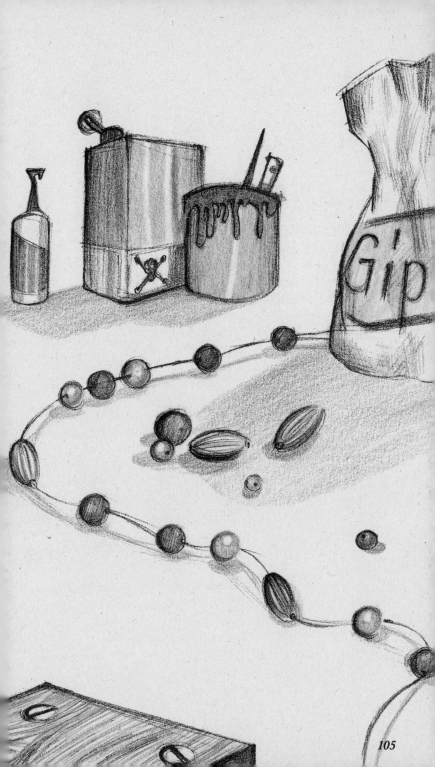

Hochgiftige Stoffe werden beispielsweise Holzschutzmitteln beigegeben, um den Schutz zu erhöhen,
obwohl die Langzeitwirkung der darin enthaltenen verschiedenen Wirkstoffe kaum abschätzbar ist. Das Verhältnis zwischen Menge und Wirkung für giftige Substanzen in Bastel- und Werkmaterialien ist ohnehin
fragwürdig. «Streng genommen leitet sich aus der Tatsache, dass es für karzinogene (krebserzeugende) und
mutagene (Veränderung des Erbgefüges) Stoffe keine
Wirkungsgrenzdosen gibt, unterhalb deren Risiko aus-
geschlossen werden kann, die Forderung nach einer
Nulltoleranz für Krebserzeuger ab.» So steht es wissen-
schaftlich ausgedrückt im Biozid-Report Schweiz.

Tips von A–Z

• **Ablaugen** mit verdünntem Salmiakgeist oder All-
zweckreiniger sowie mechanisch durch Schmirgeln
oder Schleifen. In Fachgeschäften sind spezielle
Abbeizmesser erhältlich. Auch die neuen Lösungsmittel
sind giftig für Pflanzen und Tiere und belasten unsere
Gewässer stark (siehe auch Abbeizmittel). Grössere
Flächen vom Maler oder Schreiner behandeln lassen.
Sich vergewissern, dass der gewählte Betrieb den
Schmutzschlamm als Sondermüll entsorgt.
• **Abbeizmittel:** Kein Abbeizmittel mit Methylenchlo-
rid kaufen. Dieses kann Schwindel, Kopfschmerzen und
Müdigkeit (narkotisierend) hervorrufen. Bei Feuerkon-
takt (Zigarette, Pfeife) entwickelt sich das hochgiftige
Phosgen (Lungenödeme).
• **Alleskleber:** Siehe Klebstoffe.
• **Asbest:** Beim Bearbeiten von Asbest-Produkten ist
grosse Vorsicht geboten. Durch Kreissägen, Trenn-
schneiden und Fräsen asbsesthaltiger Materialien

(z. Z. alte Bodenbeläge) gelangen winzige Asbest-Partikel in die Luft und werden eingeatmet.

• **Bastelmaterial** aus Kunststoff ist meistens ersetzbar durch natürliche Materialien. In diesem Sektor ist die Produkte-Palette zwar wesentlich kleiner, aber der Phantasie sind keine Grenzen gesetzt.

• **Bleigiessen:** Ersetzen Sie Blei durch Gips, es gibt ebenso schöne Figuren, die bemalt werden können.

• **Carbolineum** enthält krebserregende hochgiftige Stoffe (u. a. Fluoranthen, Benzol, Phenol, Anthracen). Sie können Hautallergien, Krebs, Schleimhautreizungen, Störungen am Zentralnervensystem usw. auslösen. Teerölhaltige Präparate nicht verwenden.

• **Emaille:** Als Ersatz für das herkömmliche Emaille, das bei hohen Temperaturen gebrannt werden muss, gibt es das «Emaille ohne Brennen». Es handelt sich dabei um Epoxydharze (stark hautreizend und erbgutschädigend) und Härter, die zu mischen sind. Verzichten Sie auf diese Bastelmaterialien im Interesse Ihrer Gesundheit.

• **Farben:** Verwenden Sie wenn immer möglich Kalkfarben, Silikatfarben ohne bedenkliche Farbstoffe (siehe auch unter Pigmente) und Naturharzdispersionen. Der relativ hohe Anteil an Terpene in Naturharzlacken kann zu Allergien führen. Diese Sorten sind trotzdem den Kunstharzlacken vorzuziehen, weil sie hauptsächlich aus organischen Chemikalien bestehen und bei der Herstellung und Verarbeitung die Umwelt weit weniger belasten. Verlangen Sie beim Maler oder im Fachgeschäft eine umfassende Beratung (Adressen von Naturfarbenherstellern im Anhang).

• **Fotochemikalien:** Fotografieren und die Filme selber entwickeln sowie Kopien herstellen ist ein beliebtes Hobby, auf das viele nicht verzichten wollen. Beachten Sie die Bedienungsanleitungen für Film- und Foto-

Bäder (ätzend für Schleimhäute). Bringen Sie verbrauchte Bäder in den Laden zurück, oder fragen Sie dort nach Entsorgungsmöglichkeiten.

• **Giessharz** ist kein Bastelmaterial für Kinder. Neben anderen chemischen Stoffen enthält es Härter. Dieser ist hochgiftig.

• **Holz:** Wenn Sie Holz kaufen, fragen Sie, ob und wie es vorbehandelt wurde. Für den Hobby-Bereich unbehandeltes Holz verlangen. Nur gut getrocknetes Holz verwenden. Bei Holzbauten auf ausladende Dachkonstruktionen achten (Schutz vor Regen) und Zementsockel anbringen, weil unbehandeltes Holz im Boden rasch verrottet. Unbehandelte Dachkonstruktionen (Schopf, Unterstand) mit feinmaschigen Fenstergittern vor Schädlingen schützen (Flugzeit Mai-August).

• **Holzschutz:** Beim Kauf von Holzschutzmitteln unbedingt die Zusammensetzung beachten. Kaufen Sie keine Mittel, die organische Lösungsmittel, PCP (Pentachlorphenol), Dieldrin, Quecksilber und Arsen enthalten. Überlegen Sie, wovor Sie das zu behandelnde Holz überhaupt schützen wollen. Grössere Teile (z. B. Balken, Dachkonstruktionen) mit Borsalzprodukten behandeln. Sie beugen gegen Insekten- und Pilzbefall vor, sind flammenhemmend und geben keine giftigen Dämpfe ab. Ein wasserabstossender Lack schützt vor Auswaschung. Gegen Wasserspritzer, Schmutz und Gebrauchsspuren genügen Leinöl, Bienenwachs oder eine einfache Lasur. Gegen Schädlingsbefall hilft auch Hitze: Möbel oder sonstige Hölzer während einer Stunde in die Sauna (90–100°C Lufttemperatur) stellen. Kleinere Gegenstände im Backofen während einer Stunde mit 60°C behandeln. Beim Maler oder im Handel Naturprodukte mit schriftlicher Deklaration verlangen.

• **Isolationsmaterial:** Kunststoffisolationen enthalten

Polyurethanschäume und nach wie vor häufig die ozonschädigenden Treibmittel (FKW). Montage- oder Ortschäume enthalten die gesundheitsschädigenden Formaldehyd-Harze. Isoliermaterial aus Holzwolle, Kork und Altpapier («isofloc») verlangen.

• **Klebstoffe:** Achten Sie auf das Kleingedruckte auf den Verpackungen von Klebstoffen. Der Hinweis «Nicht einnehmen oder einatmen, vor Kindern geschützt aufbewahren» bedeutet, dass gesundheitsschädigende Lösungen drin sind. Auf lösungsmittelhaltige Klebstoffe (Alleskleber, Instantkleber usw.) wenn immer möglich verzichten. Kinder bis zirka fünf Jahre nicht allein mit Klebestiften hantieren lassen. Sie sind nicht hochgiftig, gehören aber trotzdem nicht in den Mund! Eine gute Alternative für Kleinkinder ist Papier- oder Tapetenkleister (Rezept siehe unter Papierkleister). Resten von Zweikomponenten-Klebern oder angebrauchte Packungen nicht achtlos in den Mülleimer werfen, sondern in die Giftsammelstelle bringen. Holz kann meistens auch gedübelt oder verschraubt werden.

• **Knetmassen:** Verschiedene Produkte haben den herkömmlichen Ton und den Knetwachs verdrängt. Grell leuchtet der neueste Hit: Knetmasse mit Leuchtfarben. Damit sie unter keinen Umständen gegessen wird, steht auf der Packung, dass sie für Kinder unter 36 Monaten ungeeignet ist. Verzichten Sie auf Bastelmaterial, dessen Zusammensetzung unbekannt ist. Auch Knetmassen und Granulate, die im Backofen gehärtet oder geschmolzen werden können, sind nicht unbedenklich. Die Gerüche und Dämpfe, die beim Erhitzen entstehen, lassen jedenfalls auch ohne Deklaration einiges vermuten (siehe auch unter Salzteig).

• **Knetwachs:** Für kleine Kinder vor dem Gebrauch auf die Heizung legen, damit er rascher weich wird.

12

- **Lösungsmittel** heissen häufig Xylol, Toluol, Trichlor- oder Perchloräthylen, Trichloräthan, Methylchloroform usw. Sie steigen aus verschiedenen Klebstoffen, Tipp-Ex, Filzstiften, Kunstharzfarben, Lacken, Holzschutzmitteln usw. in die Nase und können im Hobby-Bereich vor allem während der Anwendung Kopfschmerzen, Müdigkeit, Übelkeit und Schwindel verursachen. Lösungsmittelhaltige Bastelsachen gehören nicht in Kinderhände.

- **Mengen:** Achten Sie beim Kauf von Farben, Klebstoffen usw. darauf, dass Sie nur die benötigte Menge einkaufen. Im Zweifelsfall Rückgaberecht für nicht angebrochene Packungen abmachen.

- **Packungstexte:** Lesen Sie bei allen Bastelmaterialien die Packungstexte durch, auch das Kleingedruckte. Hinweise, dass bestimmte Arbeitsgänge (z. B. Mischen zweier Substanzen) nur unter Aufsicht von Erwachsenen zu machen sind, lassen erkennen, dass es sich um gesundheitsgefährdende Prozesse handelt. Auch Altersangaben, z. B. «Nicht für Kinder unter drei Jahren», sollten aufhorchen lassen. Häufig wird einfach davon ausgegangen, dass ein Vierjähriges nichts mehr in den Mund steckt. Dies ist bei den heute sehr bunten und oft Nahrungsmitteln (Verkäuferladen-Spielzeug, Scherzartikel aus PVC) nachgeahmten und sogar mit Fruchtaromen parfümiereten (Radiergummis) Sachen keinesfalls selbstverständlich. Die Hersteller können strengere Toleranzwerte umgehen, indem sie ihre Waren als Bastelmaterial anstatt als Spielwaren deklarieren.

- **Pigmente:** Verzichten Sie auf Farben mit schwermetallhaltigen Farbpigmenten (Blei, Chrom, Cadmium, Zink, Cobalt). Sie werden häufig deklariert als Bleiweiss, Chromgrün, Cadmiumgelb, Zinkgelb und Kobaltblau.

- **Papierkleister:** Damit lassen sich lustige Sachen herstellen und erst noch Altpapier verwerten: Je ein Teil Roggen- und Weizenmehl zu 20 Teilen Wasser geben, unter ständigem Rühren aufkochen. Falls sich Klumpen bilden, den fertigen Kleister durch ein Sieb passieren. In Schraubgläsern kühl aufbewahren und bei Bedarf mit wenig Wasser verdünnen.
- **Pinselreiniger:** Immer die gleiche Lösung verwenden und gut verschlossen aufbewahren. Dispersionsfarben können mit Wasser ausgewaschen werden: In einem Glas Farbe gut lösen und Pinsel nur noch kurz abspülen. Wasserunlösliche Kunstharzfarben mit einem einfachen Pinselreiniger (Terpentinersatz) lösen und mit altem Lappen ganz trocken reiben.
- **Radiergummis** gehören nicht in Kleinkinderhände: Sie enthalten häufig giftige Weichmacher.
- **Resten** von Farben, Klebstoffen, Lösungsmitteln und anderen Substanzen umweltgerecht entsorgen (Seite 86).
- **Salzteig** kann auch schon von kleinen Kindern verarbeitet werden. Im Ofen bei ca. 150°C während 10–120 Min. trocknen lassen und nach Wunsch bemalen. Teig: 2 Teile Salz und Mehl, 1 Teil Wasser mischen, kneten. Im Kühlschrank in einer gut schliessenden Dose bis zu zwei Wochen haltbar.
- **Spanplatten:** Womit Spanplatten hergestellt werden, ist selten offen deklariert. Auf solche Produkte verzichten, weil sie in Zimmern schädliche Dämpfe (Formaldehyd) abgeben können.
- **Ton** ist ein billiges Knetmaterial für Kinder. Die fertigen Formen können getrocknet und bemalt werden, ohne dass man alle Stücke brennen muss. Ungebrannte Tonscherben können wieder mit Wasser aufgeweicht werden.

13

Über Haustiere und
ihre alltäglichen Bedürfnisse

Immer mehr Menschen halten Haustiere. Sie bringen neues Leben in die Wohnung und sind für viele Städter noch eine der wenigen Möglichkeiten, sich mit Tieren zu befassen. Früher hatten alle Menschen auf irgend eine Art mit Katzen, Hühnern, Gänsen, Schweinen, Kühen usw. zu tun. Als dies nicht mehr selbstverständlich war, meldete sich das Bedürfnis, Tiere ins Haus zu holen. Es ist mit der Technisierung unserer Welt noch gewachsen. Ein neuer, umsatzträchtiger Markt entstand: Genau wie für Menschen sind für die Tiere Spezialshampoos, Lotionen und andere Produkte erhältlich, die mehr den Herstellern als den Tieren nützen.

Tiere, die ihren Bedürfnissen entsprechend gehalten werden, brauchen kein Spezialfutter, keine parfümierten Shampoos und andere Spezialpflegemittel.

Über den Sinn oder Unsinn des Haltens von Heimtieren aus ökologischer Sicht kann man sich streiten. Einleuchtend ist, dass der Kanarienvogel im Käfig zu wenig Platz hat und Aquarien Strom verbrauchen. So betrachtet, ist die Haltung von Haustieren abzulehnen. Ein wichtiger Aspekt muss jedoch noch berücksichtigt werden: Vor allem bei Kindern, aber auch bei Erwachsenen wecken Tiere die Sensibilität für die Natur. Ein Meerschweinchen beispielsweise vermag grundsätz-

liches ökologisches Verhalten zu vermitteln, das viel verständlicher ist als jedes Lehrbuch. Wir lernen beobachten, geduldig sein, uns einzufühlen, Liebe zu geben und anzunehmen.

Tiere für Kinder

Lassen Sie sich nicht nur emotionell von einem jungen, verspielten Kätzchen verführen, sondern überlegen Sie im voraus, ob es genügend Auslauf haben wird, ob Sie genügend Zeit haben, sich mit dem Tier abzugeben usw. Besonders wenn sich Kinder ein Tier wünschen, ist gut zu überlegen, ob und wie sie sich um das neue Familienmitglied kümmern können. Das Kind kann sich nur dann mit Spass und Freude an die notwendigen Arbeiten machen, wenn es deswegen nicht ständig Vorwürfe zu hören bekommt, sei es, weil es zu langsam putzt oder sonst etwas nicht so perfekt wie eine erwachsene Person macht. Ein zehnjähriges Kind ist nicht in der Lage, ganz allein für eine Schildkröte zu sorgen. Es ist noch zu stark mit sich selbst beschäftigt. Erst mit zwölf, dreizehn Jahren können Kinder mit wenig, aber nach wie vor geduldiger elterlicher Hilfe ein Tier allein betreuen.

Um das zehnte Lebensjahr herum beginnen Kinder, die Tiere bewusster wahrzunehmen. Sie können plötzlich von sich aus Furcht vor scharfen gebogenen Krallen, Ekel vor Spinnen, Amphibien oder Insekten entwickeln. Die Abscheu verschwindet meistens wieder, wenn sie, ohne ständig eines Besseren belehrt zu werden, darüber sprechen dürfen. Eltern können dennoch verhindern, dass alle Spinnen zertrampelt werden: Erklären Sie sich in einer ersten Phase bereit, die «grässlichen» Tiere ins Freie zu befördern. – Umweltschutz auf eine ungewöhnliche Art ist hier zu betreiben.

Kaufen Sie erst dann ein Haustier, wenn Sie sicher sind, dass es bei Ihnen während seines Daseins die nötige Aufmerksamkeit und Pflege bekommt. Beachten Sie dabei die zu erwartende Lebensdauer.

Tips von A–Z

Aquarium
• **Fische:** Damit die Fische genug Raum haben, sollten auf 1 Zentimeter Fischlänge zwei Liter Wasser kommen. Für Kinder muntere und nicht stille Fische kaufen. Am Anfang nicht zu viele Tiere kaufen. Warten, bis das Aquarium «funktioniert».

• **Futter:** Nicht mehr Futter ins Wasser streuen, als innerhalb von zwei Minuten verschwindet (sauberes Wasser). Viele Fische sterben an Überfütterung!

• **Krankheiten:** Wenn Fische wie gezuckert aussehen, haben sie wahrscheinlich die weitverbreitete Pünktchenseuche, gegen die es im Fachhandel wirksame Mittel gibt. Dasselbe gilt für Flossenfäule, Pilze und Kiemenrötung. Aquarien gehören nicht in Zimmer, in denen viel geraucht wird. Vorsicht ist auch geboten beim Besprühen von Zimmerpflanzen oder anderen Haustieren (Schädlingsbekämpfung). Pflanzen: Unempfindliche Pflanzen wählen (Vallisnerie, Javafarn, Ludwigia u. a. m.). Die Entwicklung von Pflanzen und Fischen im Auge behalten, damit ein ausgewogenes Verhältnis entsteht.

• **Reinigung:** Kleine Becken müssen häufig geputzt werden. Beginnen Sie mit einem 70 cm langen Gefäss. Wasser regelmässig zu ⅔ wechseln (alle 10–14 Tage). Filter und Boden 14täglich reinigen. Keine Spülmittel verwenden. Sie sind für Fische giftig.

• **Standort:** Glas auf Filzunterlage stellen. Schon ein

kleines Sandkorn auf harter Unterlage kann es zum Zerspringen bringen.
• **Wassertemperatur:** Meistens sind 24–26°C notwendig.

Hamster, Meerschweinchen, Mäuse, Zwergkaninchen

• **Futter:** Körnermischung (ohne Spezialzusätze/Vitamine usw.), dazu viel Frischkost: Ungespritzte Karotten und Salat. Gespritztes Obst und Gemüse verusachen manchmal Darmstörungen oder Vergiftungen bei den kleinen Tieren. Altes Brot oder Zweige (Weide/Apfelbaum) sollten immer im Käfig liegen (Zähne wetzen).
• **Käfig:** Holzkäfige sind ungeeignet (werden vernagt).
• **Kauf:** Nachtaktive Tiere (Hamster ausgeprägt) lassen sich nicht «umerziehen». Wenn es also spannend wird, müssen die Kinder ins Bett.
• **Krankheiten:** Zugluft und Nässe bekommt den Käfigtieren nicht. Bei Durchfall am ersten Tag eine halbe Kohletablette ins Wasser geben. Für genügend Wärme sorgen (ca. 25°C) und gewohntes Futter geben. An Zwergkaninchen Trockenfutter verabreichen. Bei Haarausfall ärztlichen Rat einholen. Wunden mit verdünnter Ringelblumentinktur betupfen.
• **Reinigung:** In der Woche 1 bis 2 Mal Einstreu erneuern und Vorräte im Schlafhäuschen kontrollieren. Verfaulte Sachen täglich entfernen.

Hunde und Katzen

• **Futter:** Wenn Sie Fertigfutter verwenden, achten Sie beim Kauf auf grosse Packungen aus Blech (Recycling). Es ist in der Produktion weit weniger energieaufwendig als Alu-Dosen. Selber gemischtes Futter mit Schlachtabfällen ist zu überbrühen und kann mit Reis, Haferflokken oder Würfeln von altem Brot (aufweichen) gemischt werden. Das Futter darf nicht direkt aus dem Kühlschrank verfüttert (heisses Wasser darübergiessen) werden. Damit das Tier genug Vitamine bekommt, ist selber gemischtes Futter mit Gemüse anzureichern: Rohe geraffelte Karotten oder ungewürzte Resten vom Tisch. Für Katzen, die nur in der Wohnung leben und kein Gras fressen können, gekeimte Weizenkörner ins Futter mischen, damit sie die abgeleckten Haare verdauen können. Manche Hunde fressen gerne Obst, auch das ist gesund. Als Zwischenmahlzeit kann Trockenfutter, Büffelhautknochen oder altes Brot gegeben werden (mit genügend Wasser). Auf gesüsste Leckerbissen ist zu verzichten: Sie sind ungesund und greifen die Zähne an. Ein gefüllter Wassernapf sollte immer bereitstehen. Katzen bevorzugen Milch-Wasser (bei Durchfall Milch weglassen). Töpfe regelmässig ganz sauber auswaschen.

• **Krankheiten:** Fragen Sie eine Tierärztin oder einen Tierarzt in Ihrer Umgebung, welche Impfungen notwendig sind. Bei Junghunden ist alle drei Monate eine Wurmkur nötig, später zweimal im Jahr. Das gilt auch für Katzen: ein aufgetriebener Bauch und struppiges Fell sind Anzeichen für Wurmbefall. Bei Durchfall versuchen Sie es mit Wärme, Kohletabletten und gewohntem Futter. Kranke Katzen vertragen oft keine Innereien, ausser etwas Herz. Hat sich nach zwei Tagen nichts verändert, zum Tierarzt gehen. Verstopfung ist oft auf Bewegungsmangel oder bei Hunden auf übertriebenen Knochen-Konsum zurückzuführen. Eine Hundenase sollte immer leicht feucht sein. Bei trockener Nase, ohne weitere Krankheitssymptome, abwarten: Wenn innert ein bis zwei Stunden keine Besserung eintritt, Tierarzt fragen. Wenn Hunde auf dem Hintern rutschen, sind meistens Würmer der Grund dafür. Bei Schnupfen leichte Kindernasentropfen in die Nase träufeln und schleimigen Ausfluss wegwischen. Spaziergänge aufs nötigste einschränken. Ohren kontrollieren: Mit Watte und Johanniskrautöl reinigen. Helle Nase, Unruhe, Erbrechen und Durchfall sind Anzeichen für eine Vergiftung (Rattengift in Gärten usw.). Zecken u. a. unerwünschte Tiere siehe Schädlinge Seite 45.

• **Pflege:** Hundefell regelmässig bürsten. Baden Sie den Hund so oft Sie es für nötig halten mit einem rückfettenden unparfümierten Shampoo ohne chemische Zusatzstoffe. Katzen putzen sich selber. Im Winter Streusalz regelmässig aus den Hunde-Pfoten waschen.

Landschildkröten

• **Futter:** Salat, Klee, Gras, Gemüse und Obst. Täglich frisches Wasser.

• **Pflege:** Landschildkröten brauchen regelmässig Spaziergänge an der Sonne. Gehege putzen, alte Speiseresten entfernen und die Schildkröte ab und zu in lauwarmem Wasser kurz schwimmen lassen (nicht unbeaufsichtigt lassen. Wenn sie untertaucht, sofort herausnehmen). Daran denken, das Landschildkröten einen Winterschlaf machen (Fachliteratur).

• **Krankheiten:** Bei Nahrungsverweigerung über mehrere Tage Tierarzt fragen.

Vögel

• **Futter:** Die Vogelnahrung muss artgemäss sein. Im Zoohaus sind die verschiedensten Futtermischungen erhältlich. Kaufen Sie einfache Körnermischungen ohne Zusatzstoffe. Die Vögel bekommen mit Frischkost genug Vitamine. Täglich frisches Wasser geben, einen Kalkstein und je nach Vogelart Zweige zum Knabbern in den Käfig hängen.

• **Pflege:** Käfig regelmässig jede Woche putzen und neuen Sand einstreuen. Käfige nicht an Orten mit

Zugluft aufstellen. Krallen kontrollieren, und wenn sie zu lang sind, schneiden. Halten Sie sie gegen eine Lichtquelle, dann sehen Sie, bis wohin die Blutgefässe verlaufen.

• **Krankheiten:** Anzeichen für eine Krankheit sind: Gesträubtes Gefieder (aufgeplustert), wässriger Kot, verklebtes oder verschmutztes Aftergefieder (Durchfall), tagsüber den Kopf ins Gefieder stecken und ungewohntes Verhalten. Klären Sie ab, ob Zugluft, Kälte, Milben, Würmer oder andere Ursachen in Frage kommen. Konsultieren Sie einen Tierarzt, wenn trotz richtiger Fütterung, Wärme (Standort ändern) sich der Zustand nicht bessert.

Beim Kauf beachten

Wenn Sie ein Tier kaufen wollen, informieren Sie sich über dessen Bedürfnisse, Zeitaufwand für Pflege- und Putzarbeiten, Grösse im ausgewachsenen Zustand, Lebenserwartung und Unterhalts- sowie Anschaffungskosten. Schenken Sie Kindern keine Tiere, ohne vorher mit den Eltern gesprochen zu haben.

Kleinkinder brauchen kräftige Tiere: Meerschweinchen, Schildkröten oder ein robuster Junghund (zum zusammen Aufwachsen) eignen sich gut.

Ab sechs Jahren: Mäuse, Hamster, Wellensittich (für Kinder mit viel Geduld) und andere Kleinvögel. Je nach Ausdauer ein Anfänger-Aquarium, wenn Unterstützung seitens Erwachsener sicher ist.

Ab acht Jahren können auch Zwergkaninchen oder anspruchsvollere Vogelarten angeschafft werden.

Testresultate
– Arbeitsgemeinschaft der Verbraucher, Heilsbachstrasse 20, 53 Bonn
– BUND für Umwelt- und Naturschutz, Jagowstrasse 12, 1000 Berlin 21
– Konsumentinnenforum der deutschen Schweiz (KF), Postfach, 8024 Zürich
– Schweiz. Institut für Hauswirtschaft (SIH), Postfach, 5401 Baden
– Stiftung Konsumentenschutz (SKS) Monbijoustrasse 61, 3007 Bern
– Stiftung Warentest, Lützowplatz 11/13, 1 Berlin 30
– Zentrale Bundesgeschäftsstelle des BUND, Im Rheingarten 7, 5300 Bonn 3

Zeitschriften/Informationsblätter
– «Öko Test», Mainzer Landstrasse 147, Postfach 111452, 6000 Frankfurt 11
– «Prüf mit», KF, Postfach, 8024 Zürich
– «Test», SKS, Monbijoustrasse 61, 3007 Bern
– WWF-Informationsblätter, Umweltberatung, Postfach, 8037 Zürich

Büchertips
«Das alternative Branchenbuch» ist in der Buchhandlung erhätlich. In Deutschland, kann es direkt bestellt werden bei: ALTOP, Grimmstrasse 4, 8000 München» (Tel. 089/ 725 80 43–44); in der **Schweiz** bei: Thomas Diener, Schaffhauserstrasse 282, 8057 Zürich (Tel. 01 / 311 140 51); in **Österreich** bei: Holger Soyka, Alseggerstrasse 38, 1180 Wien (Tel. 0043 / 222 / 479 775).
Hrsg. Katalyse e. V.: **«Umweltlexikon»;** Kiepenheuer & Witsch.

Zu Kapitel 1: Einkaufen
Müller, Palmer, Gehrig: **«Giftige Stoffe im Haushalt»;** Econ-Verlag.
Philippet: **«Weniger Chemie im Kochtopf!»;** Rowohlt-Verlag, Rheinbeck.

Philippet/Schwartau: **«Zuviel Chemie im Kochtopf?»;** Rowohlt-Verlag, Rheinbeck.

Zu Kapitel 2: Putzen
«Ökologisch reinigen mit Seife»; Arbeitskreis ökologisch Waschen, Postfach 6109, 8023 Zürich.
«Umweltbewusster Einkauf von Reinigungs- und Pflegemittel für Grossverbraucher»; Forschungsinstitut für Gebäudereinigungstechnik, D-7433 Dettingen.
«Verputzen wir unsere Umwelt?»; Broschüre des SKS, Postfach, 8024 Zürich.

Zu Kapitel 3: Strom sparen
Aktionszentrum Umweltschutz Bürgerberatung Umwelt u. Energie, Theodor-Heuss-Platz 7, 1000 Berlin 19, Tel. 030 / 30 15 644.
«Energiesparen im Haushalt»; Sondernummer des SIH, Postfach 1125, 5401 Baden. Beratungstelefon (Strom- und Wasserverbrauch von Geräten) Montag 8–12 Uhr, Nummer 056 / 20 14 01.
IES, Informationsdienst Energiesparen, Höhenweg 17, 3006 Bern (Aufbau von Beratungsstellen), Tel. 031 / 44 57 58.

Zu Kapitel 5: Insekten und andere lästige Mitbewohner
Jörg Hess: **«Heimliche Untermieter»;** Aare-Verlag, Solothurn.

Zu Kapitel 6: Waschen
«Wir steigen um auf Seife»; Arbeitskreis ökologisch Waschen, Postfach 6109, 8023 Zürich. Telefonberatung: Mo bis Fr 8–11 Uhr, Tel. 01 / 48 19 6 95.
«Die Öko-Waschküche»; BUND, Jagowstrasse 12, 1000 Berlin 21, Tel. 030 / 392 82 80.

Zu Kapitel 7: Flecken entfernen
«Sauber ohne Reue»; Umweltbundesamt, Bismarckplatz 1, 1000 Berlin 23.
«Wasche deine Hemden in Unschuld»; SKS, Monbijoustrasse 61, 3007 Bern.

Zu Kapitel 8 und 9: Abfall

«An Deinem Abfall kenn ich Dich»; SKS, Monbijoustrasse 61, 3007 Bern.

Arbeitskreis Abfall (Broschüre Abfallverminderung in Bearbeitung), BUND, Jagowstrasse 12, 1000 Berlin 21, Tel. 030 / 392 82 80.

«Den Abfallberg verkleinern» und **«Abfall und Recycling»;** Aktion Saubere Schweiz, Kernstrasse 21, 8004 Zürich.

Heynitz: **«Kompost im Garten»;** Eugen Ulmer-Verlag, Stuttgart.

Zu Kapitel 10: Körperpflege

Stephanie Faber: **«Das neue Rezeptbuch der Naturkosmetik»;** Wilhelm Goldmann Verlag, München.

Klopfleisch, Koch und Maywald: **«Mit Haut und Haaren»;** Kiepenheuer und Witsch.

Zu Kapitel 11: Kleider

Ried: **«Chemie im Kleiderschrank»;** Rowohlt Verlag, Reinbeck.

Zu Kapitel 12: Basteln und Werken

Friege, Claus und D'Haese: **«Chemie im Kinderzimmer»;** Rowohlt Verlag, Reinbeck.

Hrsg. Katalyse Umweltgruppe: **«Das ökologische Heimwerker-Buch»;** Rowohlt Verlag, Reinbeck.

«Farbefrohes Gestalten» (Gifte in Farben und Lacken); Amt für Umwelt und Stadtentwicklung, Stadt Mainz.

Die Adressen von **«Naturfarben-Herstellern»** können beim Verband Schweizerischer Lack- und Farbenfabrikanten (VSLF), Neugasse 6, 8005 Zürich (Tel. 01 / 271 96 68) oder in **Deutschland** beim Verband der Lackindustrie, Karlstrasse 21, Frankfurt am Main (Tel. 069 / 255 64 11) in Erfahrung gebracht werden.